Auditoria das demonstrações financeiras

PUBLICAÇÕES
FGV Management

CONTABILIDADE E AUDITORIA

Auditoria das demonstrações financeiras

Julio Sergio de Souza Cardozo
Antonio Miguel Fernandes

FGV EDITORA IDE

Direitos desta edição reservados à
EDITORA FGV
Rua Jornalista Orlando Dantas, 37
22231-010 – Rio de Janeiro, RJ – Brasil
Tels.: 0800-021-7777 – 21-3799-4427
Fax: 21-3799-4430
editora@fgv.br – pedidoseditora@fgv.br
www.fgv.br/editora

Impresso no Brasil / *Printed in Brazil*

1ª edição – 2018

Preparação de originais: Sandra Frank
Revisão: Fatima Caroni
Capa: aspecto:design
Projeto gráfico de miolo: Ilustrarte
Editoração: Abreu's System

Ficha catalográfica elaborada pela Biblioteca Mario Henrique Simonsen/FGV

Cardozo, Julio Sergio de Souza, 1944-
Auditoria das demonstrações financeiras / Julio Sergio de Souza Cardozo, Antonio Miguel Fernandes. – Rio de Janeiro : FGV Editora, 2018.
152 p.

Publicações FGV Management.
Área: Contabilidade e auditoria.
Inclui bibliografia.
ISBN: 978-85-225-2033-6

1. Auditoria. 2. Auditoria – Normas. I. Fernandes, Antonio Miguel. II. FGV Management. III. Fundação Getulio Vargas. IV. Título.

CDD – 657.45

Aos nossos alunos e aos nossos colegas docentes,
que nos levam a pensar e repensar nossas práticas.

Sumário

Apresentação

Este livro compõe as Publicações FGV Management, programa de educação continuada da Fundação Getulio Vargas (FGV).

A FGV é uma instituição de direito privado, com mais de meio século de existência, gerando conhecimento por meio da pesquisa, transmitindo informações e formando habilidades por meio da educação, prestando assistência técnica às organizações e contribuindo para um Brasil sustentável e competitivo no cenário internacional.

A estrutura acadêmica da FGV é composta por nove escolas e institutos, a saber: Escola Brasileira de Administração Pública e de Empresas (Ebape), dirigida pelo professor Flavio Carvalho de Vasconcelos; Escola de Administração de Empresas de São Paulo (Eaesp), dirigida pelo professor Luiz Artur Ledur Brito; Escola de Pós-Graduação em Economia (EPGE), dirigida pelo professor Rubens Penha Cysne; Centro de Pesquisa e Documentação de História Contemporânea do Brasil (Cpdoc), dirigido pelo professor Celso Castro; Escola de Direito de São Paulo (Direito GV), dirigida pelo professor Oscar Vilhena Vieira; Escola de Direito do Rio de Janeiro (Direito Rio), dirigida pelo professor Sérgio Guerra; Escola de Economia de São Paulo (Eesp), dirigida pelo professor Yoshiaki Nakano; Instituto Brasileiro de Economia (Ibre), dirigido pelo professor Luiz Guilherme Schymura de Oliveira; e Escola de Matemática Aplicada (Emap), dirigida pela professora Maria Izabel Tavares Gramacho. São diversas unidades com a marca FGV, trabalhando com a mesma filosofia: gerar e disseminar o conhecimento pelo país.

Dentro de suas áreas específicas de conhecimento, cada escola é responsável pela criação e elaboração dos cursos oferecidos pelo Instituto de Desenvolvimento Educacional (IDE), criado em 2003, com o objetivo de coordenar e gerenciar uma rede de distribuição única para os produtos e serviços educacionais produzidos pela FGV, por meio de suas escolas. Dirigido pelo professor Rubens Mario Alberto Wachholz, o IDE conta com a Direção de Gestão Acadêmica (DGA), pelo professor Gerson Lachtermacher, com a Direção da Rede Management pelo professor Silvio Roberto Badenes de Gouvea, com a Direção dos Cursos Corporativos pelo professor Luiz Ernesto Migliora, com a Direção dos Núcleos MGM Brasília, Rio de Janeiro e São Paulo pelo professor Paulo Mattos de Lemos, com a Direção das Soluções Educacionais pela professora Mary Kimiko Magalhães Guimarães Murashima. O IDE engloba o programa FGV Management e sua rede conveniada, distribuída em todo o país e, por meio de seus programas, desenvolve soluções em educação presencial e a distância e em treinamento corporativo customizado, prestando apoio efetivo à rede FGV, de acordo com os padrões de excelência da instituição.

Este livro representa mais um esforço da FGV em socializar seu aprendizado e suas conquistas. Ele é escrito por professores do FGV Management, profissionais de reconhecida competência acadêmica e prática, o que torna possível atender às demandas do mercado, tendo como suporte sólida fundamentação teórica.

A FGV espera, com mais essa iniciativa, oferecer a estudantes, gestores, técnicos e a todos aqueles que têm internalizado o conceito de educação continuada, tão relevante na era do conhecimento na qual se vive, insumos que, agregados às suas práticas, possam contribuir para sua especialização, atualização e aperfeiçoamento.

Rubens Mario Alberto Wachholz
Diretor do Instituto de Desenvolvimento Educacional

Sylvia Constant Vergara
Coordenadora das Publicações FGV Management

Introdução

O enfoque principal deste livro é a auditoria independente das demonstrações contábeis, suas finalidades, técnicas e relatórios, em linha com a legislação profissional pertinente e o desenvolvimento contemporâneo dessa especialidade da profissão de contador.

A Lei das Sociedades por Ações (Lei nº 6.404/1976 com alterações posteriores) denomina o conjunto de informações contábeis de elaboração obrigatória pelas empresas – balanço patrimonial, demonstração do resultado do exercício, demonstração do resultado abrangente, demonstração das mutações do patrimônio líquido, demonstração dos fluxos de caixa e demonstração do valor adicionado "demonstrações financeiras". Entretanto, o Conselho Federal de Contabilidade (CFC) e o Instituto Brasileiro de Auditores Independentes (Ibracon) entendem que é tecnicamente mais apropriado tratar esse conjunto como "demonstrações contábeis". Aliás, a Lei nº 11.638/2007, que harmonizou as práticas contábeis brasileiras com as normas internacionais, já fez essa correção. Neste livro será adotada, então, a expressão eleita pelo CFC.

O livro está estruturado em quatro capítulos e a conclusão. O primeiro capítulo trata das noções gerais sobre auditoria, sua origem e evolução nos contextos brasileiro e internacional. Abrange os objetivos e a razão econômica da auditoria, os diversos tipos e serviços típicos.

O segundo capítulo apresenta os órgãos profissionais e agentes reguladores nacionais e internacionais que exercem influência sobre o trabalho realizado por auditores independentes. A atividade de auditoria independente das demonstrações contábeis é fortemente regulada e, assim, o capítulo apresenta as principais normas profissionais que devem ser observadas para que a auditoria tenha utilidade e valor legal.

No terceiro capítulo, o livro aborda as chamadas questões de natureza técnica com relação ao planejamento e à execução da auditoria independente, contemplando a avaliação dos riscos de auditoria, procedimentos e técnicas para a coleta de evidências e a automação da auditoria. Especial atenção a fraudes e erros encerra esse capítulo.

No quarto capítulo encontram-se três assuntos distintos com relação à evidenciação dos trabalhos de auditoria independente: o capítulo começa com a avaliação do sistema de controles internos necessária para o auditor definir a quantidade e a abrangência dos testes de auditoria, seguindo-se a forma, conteúdo e revisão dos papéis de trabalho de auditoria e finalizando com os relatórios que o auditor emite para dar informação do trabalho realizado.

Finalmente, a conclusão do livro é uma espécie de síntese dos capítulos anteriores e comentários adicionais considerados pertinentes para melhor aproveitamento do livro.

1
Noções gerais sobre auditoria

Neste capítulo, serão apresentados os pontos mais relevantes relacionados ao exercício da auditoria em seus diversos tipos, as responsabilidades dos auditores, os principais órgãos normatizadores e fiscalizadores dos auditores, sejam pessoas físicas ou pessoas jurídicas, isto é, as firmas de auditoria independente, e os principais interessados em seus serviços.

Origem e evolução da auditoria nos contextos brasileiro e internacional

A auditoria é uma atividade tão antiga quanto a contabilidade, remontando historicamente ao

> Império Persa, quando Dario I, ao realizar a reforma político-administrativa, criou a função de "olhos e ouvidos do rei", funcionários encarregados de vigiar a ação dos sátrapas (governadores das províncias persas), garantir o cumprimento das ordens imperiais e fiscalizar a cobrança de impostos e o uso do tesouro real [Ibracon, 2007:43].

O Império Romano praticava ações semelhantes ao nomear funcionários para supervisionar e fiscalizar as operações financeiras realizadas pelos gestores das províncias, nomeados pelos imperadores.

Na Europa, durante a Idade Média, em diversos países, como França, Inglaterra e Itália, as atividades de auditoria já eram praticadas dentro do foco governamental tributário no que respeita às arrecadações, ao comportamento do Tesouro, gerando os embrionários relatórios de auditoria, precursores dos modelos atuais. A Inglaterra mercantilista, controladora das rotas marítimas de comércio, foi um importante laboratório econômico no qual foram geradas as grandes companhias comerciais lucrativas, levando o governo inglês à criação de tributos sobre os lucros apurados. Tais fatos proporcionaram um mercado de trabalho para os profissionais de auditoria então existentes.

A Revolução Industrial, no século XVIII, ocorrida na Inglaterra e que foi o berço das grandes transformações econômicas, fortaleceu a necessidade de maior controle, na forma de fiscalização governamental do patrimônio das empresas e das pessoas de um modo geral.

> Ainda no século XVIII o Parlamento Inglês estabeleceu leis, tornando oficial a prática da auditoria contábil para as empresas que surgiram a partir do ciclo econômico originário da Revolução Industrial e que se encontrava em desenvolvimento no mundo, principalmente na Europa [Ibracon, 2007:43].

Em um primeiro momento, a visão da prática da auditoria era bastante rudimentar se comparada ao exercício atual da atividade. Entretanto, na essência, nada mudou, porque os interessados nos trabalhos de auditoria esperam ter posicionamentos que assegurem a confiabilidade das informações contábeis, de dados econômicos e financeiros ou, simplesmente, o cumprimento ou não de normas e legislações a que as empresas estejam sujeitas.

Reino Unido

Inicialmente, a auditoria era realizada por um ou mais proprietários; entretanto, com a evolução da tecnologia industrial e dos transportes durante o século XIX, a economia passou a ficar mais sofisticada e os proprietários, assim, passaram a não ter o tempo todo à disposição da empresa. Essa situação levou à alteração da legislação vigente na Grã-Bretanha, surgindo, então, a figura de profissionais independentes, contadores, que se colocaram à disposição da sociedade para a realização de exames e verificações dos registros e relatórios contábeis produzidos internamente pelas empresas. "Como exemplo desta nova realidade, em 1845 o Railway Companies Consolidation Act instituiu a verificação anual dos balanços, realizada por auditores" (Ibracon, 2007:43).

Com a mudança na legislação britânica, surgiram as pioneiras firmas de auditoria, algumas ainda hoje existentes, como:

- Deloitte & Co;
- Peat, Marwick & Mitichell;
- Price Waterhouse & Co.

O objetivo inicial da prática de auditoria na Grã-Bretanha era tributário, porém, com a evolução do mundo capitalista, o mercado passou a requerer os serviços de auditoria para validar as transações contábeis (fatos contábeis) das empresas contratantes, bem como a qualidade dos controles existentes para a detecção ou redução dos riscos comuns às atividades de cada empresa.

Estados Unidos da América

No final do século XIX, com o crescimento econômico acentuado dos EUA e a instalação de grandes empresas inglesas e escocesas, passou ser rotina o envio, pela casa matriz, de auditores independentes para auditar os registros contábeis das filiais norte-americanas.

Como essa rotina se repetia mais de uma vez por ano, nada mais natural do que as firmas de auditoria inglesas terem se instalado nos EUA. Alguns pontos importantes sobre a evolução da auditoria independente nos Estados Unidos da América são aqui apresentados, por Boyton, Johnson e Kell (2002:35):

- em 1896, New York tornou-se o primeiro estado norte-americano a aprovar a legislação sobre o registro de auditores independentes (CPAs – Certified Public Accountants, como são chamados lá);
- no início do século XX, a demanda por auditores independentes cresceu fortemente em razão da venda de títulos mobiliários (ADRs ou ações) ao público em geral. Em virtude desse quadro percebeu-se a necessidade de padronização ou uniformidade das demonstrações contábeis das empresas emissoras de tais títulos mobiliários;
- em 1917, executivos do Federal Reserve Board, com o auxílio de contadores, elaboraram proposta para a implantação de uma contabilidade uniforme, criando um pequeno manual: Approved Methods for the Preparation of Balance Sheet Statements, que propiciou avanços no processo de preparação das demonstrações contábeis e conscientizou os empresários quanto à necessidade de empregar contadores que entendessem as exigências vigentes;
- ainda em 1917, foi criado o American Institute of Accountants, posteriormente AICPA – American Institute of Cer-

tified Public Accountants –, que se tornou o porta-voz da profissão contábil no país;

- em 1921, todos os 48 estados norte-americanos à época tinham aprovado legislação semelhante à vigente em New York. Em 1929, ocorreu o *crash* do mercado acionário americano, expondo as deficiências significativas então existentes no processo contábil e de investigação pertinentes. A profissão contábil foi desafiada a encontrar caminhos para o aprimoramento e a confiabilidade das informações contábeis das empresas. A necessidade de identificar se as empresas eram ou não lucrativas passou a ser preponderante e não apenas a situação patrimonial divulgada pelo balanço patrimonial;
- em 1932, a Bolsa de Valores de New York (Wall Street) passou a exigir que todas as empresas nela listadas (com títulos mobiliários negociados) apresentassem demonstrações contábeis acompanhadas de pareceres de auditoria emitidos por CPAs;
- em 1933, com a promulgação da Lei de Emissão de Títulos (Securities Act) e da Lei de Negociação de Títulos (Securities Exchange Act), em 1934, houve o aumento da demanda por serviços de auditoria independente para as companhias de capital aberto (com ações negociadas na Bolsa de Valores).

Com o aumento das exigências por parte dos órgãos reguladores e fiscalizadores, houve a necessidade de um aprimoramento da atividade de auditoria independente, que passou a ser desenvolvido nas décadas de 1940 e 1950, como segue:

- exame detalhado das contas considerando a relevância de cada saldo, para fins de verificação, por amostragem estatística e não estatística, como base para a emissão de parecer sobre a fidedignidade das demonstrações contábeis;

- exigência de vincular os testes nas contas à avaliação dos controles internos da entidade;
- redução da ênfase na detecção de fraudes como o objetivo principal da auditoria das demonstrações contábeis.

Brasil

A partir do século XIX, os diversos investimentos internacionais em infraestrutura no país (portos, ferrovias, iluminação pública, por exemplo) trouxeram para o Brasil maior exigência em relação à prática contábil até então existente.

No início do século XX (1902), aconteceu o primeiro trabalho de auditoria registrado no país, que foi o exame do balanço patrimonial da São Paulo Tramway do período de junho de 1899 a dezembro de 1902, realizado pela firma de auditoria canadense Clarkson & Cross, atual Ernst & Young (EY) (Ibracon, 2007:64)

Segundo Santi, (1988:55), "não existem divulgações de pesquisas sobre os primórdios da Auditoria no Brasil, sendo certo, porém, que teve origem inglesa e que o primeiro parecer foi publicado em 9 de abril de 1903". A publicação se refere ao balanço da São Paulo Tramway.

Santi (1988:55) relata que não há registro indicando se a firma Clarkson & Cross mantinha filial no Brasil à época ou se mandou de Toronto, Canadá, auditores para a realização dos exames contábeis, o que é mais provável. Há registro de que a firma McAuliffe Alfred Co. estava estabelecida no Rio de Janeiro desde 1909 (firma antecessora da hoje Deloitte).

Posteriormente, aportaram no Brasil as filiais das firmas:

- PricewaterhouseCoopers, em 1915;
- Arthur Andersen, em 1957;

- Arthur Young, em 1959;
- Ernst & Winney, em 1963.

A vinda dessas empresas muito colaborou para as práticas de auditoria independente no país e para o desenvolvimento da própria contabilidade, em virtude do forte intercâmbio entre os profissionais brasileiros e estrangeiros.

De forma significativa, podemos afirmar que as transformações políticas e econômicas ocorridas no país na década de 1960, com maior importância a partir de 1965, serviram para solidificar o mercado de auditoria independente no país face ao grande fluxo de investimentos estrangeiros na ocasião, o que demandou a contratação de auditores independentes para revisarem as contas das empresas estrangeiras aqui recém-instaladas.

A primeira legislação a tratar da atividade de auditoria independente no país foi a Lei nº 4.728/1965, que regulamentou o mercado brasileiro de capitais. Posteriormente, o Banco Central do Brasil promulgou instrumentos próprios tornando obrigatória a auditoria independente para as entidades integrantes do Sistema Financeiro Nacional (SFN) e demais companhias abertas. Foi, sem dúvida, um marco histórico.

O ano de 1976 foi muito importante em razão da sanção da Lei das Sociedades por Ações e da criação da Comissão de Valores Mobiliários (CVM), fatos que fortaleceram a atividade de auditoria independente no país, por tornarem obrigatória a auditoria das demonstrações contábeis das sociedades de capital aberto.

Inicialmente, na década de 1970, o Brasil tinha as oito maiores firmas de auditoria independente do mundo, com escritórios instalados no eixo Rio de Janeiro/São Paulo. São elas: Arthur Andersen; Arthur Young; Coopers & Lybrand; Deloitte; Ernst & Whinney; Peat; Pricewaterhouse; e Touche & Tomazo.

Em paralelo, no transcorrer dos anos 1970 e 1980, profissionais de auditoria formados nas denominadas *big eight* se desligaram dessas firmas e foram trabalhar em firmas puramente nacionais, como sócios, como foi o caso da Roberto Dreyfus Auditores Independentes, depois incorporada pela atual KPMG ou da Boucinhas, Campos e Claro Auditores Independentes. Outro fenômeno da época foi o surgimento de firmas de auditoria criadas por profissionais também oriundos das *big eight*, como a Trevisan Auditores Independentes, a Lopes Machado Auditores Independentes, hoje BKR Lopes Machado Auditores Independentes, e muitas outras empresas de pequeno e médio portes.

Atualmente, após consolidação no exterior e o desaparecimento da Arthur Andersen em 2002, existem apenas quatro grandes firmas de auditoria, as chamadas *big four*: EY, Deloitte, KPMG e PricewaterhouseCoopers, todas cobrindo amplamente o território nacional.

Objetivos e razão econômica da auditoria

Auditoria tem como termos sinônimos fiscalização, investigação, controle. Quando tratamos de auditoria, o que deve ser fiscalizado? O que deve ser controlado? Depende dos objetivos que queiramos alcançar. No plano empresarial (patrimonial), os interessados nas informações geradas pela contabilidade querem obter diversas respostas seguras, mas a principal desejada é a que diga se os valores das operações registrados na contabilidade de uma empresa são reais e confiáveis.

A evolução dos negócios de uma empresa, seu crescimento em quantidade e complexidade de operações, leva os proprietários à contratação de administrador ou administradores profissionais. Tal decisão afasta, muitas vezes, os proprietários do dia a dia dos negócios realizados, mantendo-os longe dos detalhes de cada operação. Nesse contexto, é necessário que as decisões tomadas, os negócios realizados e suas consequências sejam revistos e, para tanto, entra em cena a figura do especialista para que forneça as respostas solicitadas pelos proprietários: o auditor independente.

Segundo Attie (1988), além dos proprietários, diversos são os usuários (fornecedores, instituições financeiras, governo, investidores, clientes, empregados, entre outros) que têm interesse em que as demonstrações contábeis sejam elaboradas com fidedignidade para que possam, assim, atender aos processos decisórios específicos.

De acordo com Braga (apud Cardozo, 1987:13):

> A figura do auditor independente é imprescindível à credibilidade das informações divulgadas pelas empresas por meio das suas demonstrações contábeis. A opinião do auditor é um documento de inestimável valor para a segurança das decisões de credores e investidores à medida que a sua função profissional é zelar pela fidedignidade e confiabilidade das demonstrações contábeis.

O principal objetivo da auditoria independente é a emissão de opinião sobre a fidedignidade das demonstrações contábeis em relação aos princípios de contabilidade adotados no Brasil e no mundo. A adoção, em 2010, das International Financial Reporting Standards (IFRS), emitidas pelo International Accouting Standards Board (Iasb) veio reforçar seu objetivo mais relevante.

A base legal para a adoção de princípios de contabilidade e práticas contábeis no Brasil compreende:

- a Lei nº 6.404/1976, art. 177, atualizado pelas leis nº 11.638/1977; art. 1º ao art. 8º da Lei nº 11.941/2009;
- os princípios de contabilidade estabelecidos pela Resolução CFC nº 1.282/2010, que atualiza e consolida os dispositi-

vos da Resolução CFC nº 750/1993, a qual dispõe sobre os princípios fundamentais de contabilidade;

- os pronunciamentos, as interpretações e as orientações emitidas pelo Comitê de Pronunciamentos Contábeis (CPC) homologados pela Comissão de Valores Mobiliários (CVM) e pelo Conselho Federal de Contabilidade (CFC), que transformam o pronunciamento do CPC em uma Norma Brasileira de Contabilidade (NBC) e que têm cunho oficial no país;
- a estrutura conceitual básica para a elaboração e apresentação das demonstrações contábeis para entidades cujos assuntos não tenham regulamentação específica. A Resolução CFC nº 1.121/2008 aprovou a NBC T1, que regula a matéria.

Adicionalmente, dependendo da atividade econômica da empresa, há órgãos reguladores que atuam na forma de agências e que fixam práticas contábeis específicas. As instituições financeiras (bancos e financeiras, por exemplo) devem seguir o estabelecido pelo Banco Central do Brasil (Bacen); as companhias de seguros se submetem à Superintendência de Seguros Privados (Susep); os planos de saúde devem seguir o definido e exigido pela Agência Nacional de Saúde (ANS). Usualmente operações praticadas por instituições financeiras, seguradoras, operadoras de saúde, fundos de pensões, entre outros, têm regras e demonstrativos contábeis diferenciados dos estabelecidos no Brasil pelo CFC ou internacionalmente, pelo Iasb.

O sistema contábil brasileiro é liderado pelo CFC, que conta com 27 conselhos regionais de contabilidade (CRCs) – uma representação por unidade da federação. O CFC edita normas de contabilidade, auditoria e perícia contábil e também fiscaliza a profissão contábil em todas as suas vertentes. A auditoria independente é uma prerrogativa exclusiva do contador e está sujeita à fiscalização por parte dos conselhos regionais de contabilidade.

O CFC, por meio da NBC T nº 11, define que

> a auditoria das demonstrações contábeis constitui o conjunto de técnicas que tem por objetivo a emissão de parecer sobre a sua adequação, consoante os Princípios Fundamentais de Contabilidade e as Normas Brasileiras de Contabilidade e, no que for pertinente, a legislação específica.

A opinião do auditor independente, na forma de um relatório, está restrita ao atendimento às práticas contábeis e à observância dos princípios de contabilidade para o registro e divulgação das transações patrimoniais da entidade. A opinião emitida pelo auditor independente não garante a continuidade ou não dos negócios da entidade, nem tampouco deve ser interpretada como um certificado de aprovação ou reprovação de gestão da empresa no período examinado.

Tipos de auditoria

A palavra "auditoria" é utilizada de maneira diversificada, porém tem uma correlação mais identificada com o processo de fiscalização de algum tipo de atividade, procedimento, rotina, comportamento que pode identificar conformidade ou não à leis, normas ou processos operacionais.

De forma genérica, podemos afirmar que se trata de um exame técnico especializado das atividades de uma empresa e tem por objetivo identificar se essas atividades estão de acordo com as disposições planejadas ou estabelecidas originalmente e se foram desenvolvidas de maneira apropriada.

A auditoria das demonstrações contábeis consiste no exame analítico das operações realizadas e contabilmente registradas, identificando inconsistências, erros, fraudes ou acertos. A relevância dos erros e fraudes identificados e não corrigidos influenciará na opinião final do auditor independente.

Tipos de auditoria quanto aos objetivos pretendidos

Os objetivos de uma auditoria diferem quanto ao seu tipo. Quando falamos de auditoria independente, o foco principal é a contabilidade, e quando falamos de auditoria interna, o foco principal são as operações da empresa.

Auditoria contábil

A auditoria contábil representa a realização de exames da documentação de suporte aos registros contábeis em livros tradicionais ou em registros informatizados, bem como a inspeção, investigação e obtenção, por parte do auditor independente, de informações de fontes internas e externas que se relacionem com patrimônio da entidade auditada. Ao final do trabalho, o auditor independente conclui sobre o grau de fidedignidade das demonstrações contábeis em relação aos princípios de contabilidade e emite relatório de auditoria contendo sua opinião.

Auditoria operacional

Boyton, Johnson e Kell (2002) descrevem que a auditoria operacional normalmente é realizada dentro das empresas com o objetivo de subsidiar a alta administração com diagnósticos, verificações de cumprimento ou não de atribuições e responsabilidades, propondo soluções para mitigar riscos e melhorar o desempenho da organização como um todo ou de forma específica.

A prática da auditoria operacional deve buscar sempre trazer ganhos para a empresa, seja pela identificação de falhas ou pela proposição de aprimoramento de processos, procedimentos e rotinas, de modo a assegurar que os atos de gestão e o funcionamento da organização sejam eficazes e econômicos.

Para que haja eficácia de um processo e/ou procedimento é importante que este seja levado em conta pela organização. Contudo, ele não é o único fator a ser considerado; os custos envolvidos para o bom desempenho empresarial não podem ser omitidos, devendo os gestores buscar sua otimização por meio de melhor planejamento, programação e execução, assim como obtenção de novas metodologias. A auditoria operacional normalmente é executada pelo auditor interno a quem cabe produzir relatórios para a alta administração com constatações de deficiências de controle, oportunidades de aprimoramento, riscos de perdas e recomendações ou sugestões para eliminações ou aprimoramentos.

Tipos de auditoria quanto à forma de intervenção

A auditoria tem formas distintas de atuação ou de intervenção no mundo empresarial. As subdivisões clássicas são auditoria interna e auditoria independente.

Auditoria interna

A prática da auditoria interna tem como origem a própria auditoria independente, e os procedimentos principais são os mesmos adotados pelo auditor independente. A auditoria interna é realizada por empregados da própria empresa ou de forma terceirizada, e a principal diferença em relação à auditoria independente é o grau de independência em relação à empresa.

Sua subordinação deve ser ao maior nível da estrutura organizacional. Em empresas que tenham instalado conselho de administração, a auditoria interna ou o auditor interno devem estar subordinados ao presidente desse órgão. Não existindo o conselho, a subordinação, a linha de reporte, deve ser ao presidente da diretoria administrativa da empresa. Dessa forma, a auditoria interna passa a atuar de modo mais livre dentro da organização, tendo maior independência para julgar as conclusões alcançadas. Entretanto, é importante ressaltar que a independência da auditoria interna, por ser esta executada por empregados da organização, não será da mesma magnitude daquela desfrutada pelo auditor independente ou mesmo auditores internos terceirizados. A opinião do auditor interno tem força apenas dentro da empresa e pelo ponto de vista externo não tem valor legal.

Destacamos que a auditoria interna não é obrigatória na iniciativa privada. Na esfera pública, há previsão para criação e funcionamento nas empresas estatais ou órgãos das administrações direta e indireta. Na esfera privada a existência da auditoria interna é por previsão estatutária ou contratual, devendo ser importante instrumento de apoio à gestão.

As atividades da auditoria interna não são exclusivas dos contadores, mas sim multidisciplinares. Tal característica multidisciplinar contribui para a contratação de auditores internos com formações acadêmicas diversificadas e com grande experiência profissional.

É importante que o responsável pela auditoria interna tenha uma visão ampla do negócio, como se fosse o presidente da corporação, e não fique preso a detalhes, mas sim identificando oportunidades que possam gerar resultados positivos.

Auditoria independente

Conforme exposto, a auditoria independente tem por objetivo opinar sobre a fidedignidade das demonstrações contábeis de uma empresa, em relação aos princípios e práticas contábeis vigentes no país e, quando necessário, aos internacionais (IFRS).

O contador que exerce a especialidade de auditoria independente, ao contrário do profissional auditor interno, não pode, em hipótese alguma, possuir qualquer tipo de vínculo de subordinação com a empresa auditada. A independência deve estar acima de qualquer dúvida para que sua credibilidade seja respeitada e aceita por todos que se valem dos trabalhos de auditoria.

A contratação de auditor independente é obrigatória para as sociedades de capital aberto e para as sociedades de grande porte. Sociedades de grande porte, como definido na Lei nº 11.638/2007, art. 3º, parágrafo único, é a

> sociedade ou conjunto de sociedades sob controle comum que tiver no exercício social anterior, ativo total superior a R$ 240.000.000,00 (duzentos e quarenta milhões de reais) ou receita bruta anual superior a R$ 300.000.000,00 (trezentos milhões de reais).

É obrigatória a contratação de auditor independente para as instituições financeiras reguladas pelo Bacen, para as companhias de seguros sob a égide da Susep e pelos fundos de previdência privada complementar submetidos à supervisão e fiscalização da Superintendência Nacional de Previdência Complementar (Previc), também por força legal.

Auditoria contínua

A evolução do processo de auditoria, a partir da década de 1960, está ligada ao surgimento, expansão e qualificação do sistema de processamento eletrônico de dados, hoje mais conhecido como tecnologia da informação (TI).

Inicialmente, as maiores firmas de auditoria do mundo passaram a investir em novas ferramentas que lhes permitissem maior segurança, velocidade e capacidade de recuperação e transmissão de dados a serem examinados. Posteriormente, esse movimento também foi absorvido pela auditoria interna das grandes corporações empresariais lá pelos idos da década de 1990.

A auditoria tradicional – convencional – em linhas gerais é realizada considerando:

- testes cíclicos com base em dados históricos, muitas das vezes ocorrendo meses após o fato gerador;
- amostragem estatística ou não estatística;
- prioridade para a realização dos testes definida com base no plano de auditoria e que podem ocorrer trimestralmente, semestralmente ou anualmente;
- enfoque da auditoria na revisão de documentação.

A auditoria contínua é processada de maneira diferenciada da convencional, uma vez que:

- a avaliação de riscos e controles é realizada de forma contínua e automatizada;
- a amostra é completa, sendo integral nas atividades de controles nos processos;
- a prioridade ocorre de forma instantânea com base em indicadores previamente calculados;

- a utilização de dados e informações correntes são as fontes para a identificação das necessidades de auditoria.

É importante deixar claro que a auditoria contínua não veio substituir e nem substitui a auditoria dita convencional. O uso de metodologia avançada, com base em tecnologia da informação, aprimora e torna mais eficiente o processo de auditoria convencional. As grandes firmas de auditoria independente estão cada vez mais utilizando as ferramentas da auditoria contínua para ter maior segurança e rapidez em seus exames.

A utilização da auditoria contínua pela auditoria interna permite aos auditores alcançarem com maior segurança o objetivo mais nobre que é o de proporcionar redução de perdas por erros na gestão das empresas. A figura do auditor interno voltado para a fiscalização apenas, o "caçador de fraudes", está ultrapassada.

Os órgãos de controle externo da administração pública – Tribunal de Contas da União (TCU), Controladoria Geral da União (CGU), os tribunais de contas estaduais (TCEs) e alguns tribunais de contas municipais (TCMs) – vêm, cada vez mais, aderindo à utilização da auditoria contínua como forma de combater as fraudes realizadas por diversos agentes, bem como procurando identificar a observância ou não do direito administrativo em vigor no país.

Em resumo, a auditoria contínua é um método usado para realizar avaliações de controles e riscos automaticamente, em bases de dados contínuas. Utiliza-se de métodos computacionais diversos, de forma a substituir o trabalho convencional de auditoria e torná-lo mais abrangente e tempestivo.

Vasarhely e Halper (1991) definem auditoria contínua como "um tipo de auditoria que produz resultados simultaneamente ou em um pequeno período de tempo após a ocorrência de um evento relevante". Entenda-se como evento relevante, por exemplo, a ruptura de um controle que traga prejuízos significativos para a empresa.

Com a utilização da auditoria contínua é possível:

- ter uma avaliação contínua do sistema de controle interno;
- identificar os pontos críticos de controle (inexistência de controle, deficiências e oportunidades de aprimoramento);
- definir regras de controle;
- definir exceções.

Podemos resumir que a metodologia em questão atende tanto à auditoria independente quanto à auditoria interna e é aplicável tanto para empresas privadas quanto para empresas públicas, sem qualquer distinção.

Tipos de auditoria quanto à forma de execução

Auditoria transacional e auditoria analítica são os dois tipos de auditoria quanto à forma como é executada, seja ela independente ou interna, que descrevemos na sequência.

Auditoria transacional

A origem da auditoria transacional é a execução do exame das demonstrações contábeis a partir das transações ocorridas, com base em documentação suporte aos registros contábeis (livros). A necessidade cada vez maior de aprofundar de maneira exaustiva os testes transacionais demonstrou aos auditores independentes que o processo tenderia a ser tornar inexequível, pois além do grande volume de documentos era necessário compreender a complexidade dos negócios empresariais.

O final da década de 1940 e o início dos anos 1950 foi o período em que os auditores perceberam que os controles internos das organizações eram muito importantes para o processo de auditoria por representarem forte componente para a origem das transações contabilizadas nas empresas. O exame da documentação representava relevante procedimento de auditoria, entretanto, ao não se levar em conta a avaliação do sistema de controles internos das empresas, a auditoria estava limitada a uma única vertente de avaliação. Diante dessa conclusão, os auditores passaram a dar mais atenção ao sistema de controles internos instituído pelas organizações. A documentação selecionada passou a ser decorrente do processo inicial de avaliação do ambiente de controles internos e riscos.

A auditoria transacional atualmente é realizada a partir de uma revisão minuciosa do sistema de controles internos com uma investigação parcial das transações realizadas. A avaliação do ambiente de controle interno e de riscos acontece na fase inicial da auditoria, quando, por meio de procedimentos diversos e testes limitados, o auditor procura identificar o grau de confiabilidade desse ambiente. Esses testes em pequenos volumes na fase inicial da auditoria são os denominados "testes de validação de controles" ou "testes de observância", como veremos com mais detalhe no capítulo 4.

A avaliação da qualidade dos sistemas de controles internos pode isoladamente ou de forma concomitante ser feita por meio dos seguintes procedimentos:

- leitura de manuais da organização e normativos internos;
- levantamento dos processos mais relevantes mediante entrevistas narrativas (memorandos) e elaboração de fluxos dos dados (*data flow*) registrando os macroprocessos;
- realização de entrevistas com os principais executivos das unidades administrativas com a aplicação dos questionários de controle interno (QCI); e

- definição de pequenas amostras para realizar testes de aderência nos principais procedimentos das mais importantes atividades de uma empresa (contabilidade, contas a pagar e a receber, finanças, recursos humanos, compras e contratações, sistema de custeio, logística, atividades tributárias, tecnologia da informação).

Quanto menores forem as inconsistências ou os erros identificados pelo auditor nessa fase, maior grau de confiança será atribuído ao ambiente de controle interno. Em sentido contrário, quanto maior for a incidência de inconsistências, menor será o grau de confiança a ser atribuído.

A avaliação do ambiente de controles internos e de riscos permite ao auditor independente definir o volume de transações a ser examinado na fase seguinte. O volume definido servirá de base para a realização dos chamados testes substantivos.

Assim, na auditoria transacional, a avaliação e o exame do sistema de controles internos visam determinar a natureza, época e extensão das verificações na documentação comprobatória que suporta os registros contábeis.

Auditoria analítica

A auditoria analítica é uma metodologia criada de maneira estruturada e aperfeiçoada por R. M. Skinner e R. J. Anderson, auditores canadenses sócios da EY, na década de 1960, quando escreveram o livro *Analytical auditing* (1966), ainda hoje considerada obra de referência.

A auditoria analítica é orientada para os sistemas operacionais e se baseia na análise de fluxogramas e em provas (testes) limitadas de procedimentos. Por enfatizar a análise dos sistemas operacionais como forma de obter evidências, a auditoria assim descrita recebe o nome de auditoria analítica. É dirigida para a avaliação da segurança proporcionada pelo sistema de controles internos e explora detalhadamente o sistema para tentar identificar, de forma exata, como os processos e os procedimentos são realizados tendo como premissa a investigação aprofundada para concluir se o sistema de controle examinado é consistente ou não. Após os testes realizados, propõe melhorias ou correções se forem identificadas inconsistências. Caso contrário, conclui que o sistema é confiável e eficaz.

Normalmente, essa metodologia é executada em duas etapas:

- primeira etapa: avaliação do sistema de controle interno selecionado;
- segunda etapa: verificação das transações selecionadas com base na documentação comprobatória correspondente.

A auditoria analítica é muito utilizada por auditores internos, em razão de esses profissionais disporem de maior quantidade de tempo (número de horas) do que o auditor independente e porque podem vivenciar com maior profundidade as operações das empresas.

Com o desenvolvimento do ambiente de TI nas organizações, a adoção dessa metodologia se torna mais ágil. Com os modernos recursos de computação gráfica, de armazenamento de dados e *softwares* de extração de dados e automação da auditoria, a auditoria analítica é largamente utilizada pelos auditores independentes e auditores internos em empresas com grandes volumes de transações, como bancos, seguradoras e varejistas.

Diferenças entre auditoria e perícia contábil

A auditoria contábil tem por objeto o conjunto de demonstrações contábeis. A auditoria independente usa a auditoria contábil para avaliar o grau de fidedignidade das demonstrações contábeis, face aos princípios de contabilidade, às práticas contábeis e à legislação a que a empresa está sujeita.

O CFC, por meio da Resolução nº 858/1999, estabelece que:

> A perícia contábil constitui o conjunto de procedimentos técnicos e científicos destinados a levar à instância decisória elementos de prova necessários a subsidiar à justa solução do litígio, mediante laudo pericial contábil e/ou parecer pericial contábil, em conformidade com as normas jurídicas e profissionais, e a legislação específica no que for pertinente.

A principal diferença entre os dois tipos de especialidades exclusivas do contador é que, enquanto o auditor independente é contratado para expressar sua opinião sobre a fidedignidade das demonstrações contábeis, o perito contábil não expressa nenhuma opinião, limitando-se a responder ou não os quesitos formulados pelo magistrado (juiz) ou pelas partes litigantes.

Enquanto o auditor independente emite uma opinião na forma de relatório (antigamente, parecer de auditoria) o perito contábil elabora e entrega, judicial ou extrajudicialmente, laudo contendo as respostas aos quesitos formulados com base nas provas obtidas.

Ambos os profissionais têm fé pública e respondem civil e penalmente pelos seus atos profissionais.

Serviços típicos de auditoria

Os serviços de auditoria são diversificados e dependem dos objetivos que seus usuários querem alcançar, bem como das qualificações de quem os executa. Alguns são tradicionais, outros são específicos, dependendo estes de profissionais especializados em seus diversos ramos de atuação. Alguns serviços são exclusivos dos auditores independentes, outros podem ser realizados por auditores internos próprios ou terceirizados, contadores ou não.

No que concerne ao universo dos serviços dos auditores independentes, surgiu, nos anos 2000, um novo mercado proveniente da aferição ou não das ações empresariais de caráter de responsabilidade social e ambiental. O novo serviço é a denominada "auditoria de asseguração", que difere do trabalho de auditoria convencional das demonstrações contábeis, ou mesmo a auditoria na forma de revisão limitada. O quadro 1 apresenta a relação de serviços típicos de auditoria.

Quadro 1

Tipos de serviços de auditoria

Serviços de auditoria	Objetivos	Auditor
Auditoria das demonstrações contábeis	Emissão de opinião na forma de um relatório de auditoria (parecer) para uma data definida.	Independente
Revisão limitada das demonstrações contábeis	Emissão de relatório em forma longa (*long form*) sobre o exame do conjunto ou de parte das demonstrações contábeis de um período, sem a aplicação da totalidade dos procedimentos de auditoria requeridos na auditoria contábil para a emissão de parecer de balanço, mas com a extensão e profundidade necessárias para externar opinião formal.	Independente
Revisão do sistema de controle interno	Aferição da qualidade e segurança do sistema de controle interno a partir da revisão sistemática das transações operacionais e dos testes realizados para garantir o grau de segurança dos controles existentes. A finalidade desse serviço é identificar se o patrimônio de uma entidade (bens e direitos) está protegido contra fraudes, desfalques ou erros operacionais cometidos por motivos diversos.	Independente e interno. No caso de auditoria convencional, trata-se de uma etapa (inicial) do trabalho ou ocorre pontualmente quando é contratado para realizar um trabalho especial.

▼

▼

Auditoria operacional	Avaliação sistemática da eficácia, economicidade e eficiência dos processos e atividades administrativos, com a finalidade de aprimoramento da gestão com o fornecimento de soluções.	Independente e interno
Auditoria de gestão	Conduzida dentro da mesma linha da auditoria operacional, porém com a realização de trabalhos mais específicos (dirigidos) considerando se os atos de gestão das operações estão em linha com o planejamento e as diretrizes da empresa. São propostas recomendações e sugestões para as correções de rumo ou aprimoramento da gestão.	Independente e interno
Auditoria de cumprimento normativo (*compliance audit*)	Auditoria para verificação do cumprimento e/ou observância da legislação e normas, bem como procedimentos implantados pela empresa ou pelos órgãos reguladores de determinadas atividades (Bacen, Susep, Previc, ANS, ANP, CVM, por exemplo).	Independente. O auditor interno também realiza esse trabalho, exceto quando existe norma legal exigindo auditor independente.
Auditoria de sistemas	Exames e avaliações da qualidade do sistema informatizado no ambiente de TI, com a finalidade de racionalizar a utilização dos recursos, mitigar os riscos de perdas por erros ou fraudes nos processos computacionais e garantir a geração de informações e dados confiáveis ao menor custo.	Independente e interno
Auditoria fiscal e tributária	Exame da eficácia e eficiência dos procedimentos adotados para a apuração, controle e pagamento dos tributos que incidem nas atividades das empresas. Avaliação do planejamento tributário.	Independente e interno
Auditoria de asseguração (responsabilidade social e ambiental)	Avaliação dos processos operacionais e produtivos das empresas com a finalidade de identificar a ocorrência de danos ou não ao meio ambiente e quantificação de possíveis contingências de qualquer natureza. Preparação da empresa para o recebimento do certificado ISO 14.000. Avaliação dos processos de responsabilidade social aplicados pela empresa durante o período em exame, com vista ao cumprimento ou não de legislação específica.	Independente

▼

Auditoria nos processos de operações societárias (incorporações, fusões, cisões, permutas e formação de *joint ventures*)	Auditoria das demonstrações contábeis das empresas envolvidas na operação. Assessoria e avaliação de empresas objeto de negociação societária, considerando a avaliação dos ativos totais; identificação de contingências de qualquer natureza. Auditoria nos processos de negociação societária antes, durante e depois da concretização da transação. Auditoria específica preliminarmente à compra da empresa, conhecida como *due dilligence*.	Independente

Tendo descrito os serviços típicos da auditoria, é importante também conhecer a forma pela qual os auditores supervisionam a execução desses serviços com o objetivo de controle de qualidade. É o que será tratado a seguir.

Supervisão e controle de qualidade dos trabalhos de auditoria

Os auditores independentes são fiscalizados ordinariamente pelo CFC e pela CVM, quando se tratar de sociedades de capital aberto. No caso de auditoria de instituições financeiras, companhias de seguros, fundos de previdência complementar, operadoras de saúde, a fiscalização é exercida pelo Bacen, pela Susep, pela Previc e pela ANS, respectivamente.

Um dos pontos de maior insegurança para os auditores independentes é a definição de um percentual para aplicação de testes sobre as transações contábeis, além do alto grau de subjetividade na definição dos critérios a serem considerados para a realização dos trabalhos de auditoria. Em virtude dessa realidade, a CVM, em conjunto com o CFC, definiu que o auditor independente, como medida de controle de qualidade, deve se submeter à revisão dos seus trabalhos por outro auditor independente no que se denomina "revisão pelos pares".

Para as grandes firmas de auditoria, a revisão de trabalhos por outros auditores de localidades distintas ou pelas matrizes é um procedimento comum, pois visa ao fortalecimento da qualidade dos serviços de acordo com os padrões estabelecidos, o que, entretanto, não as isenta da obrigatoriedade da "revisão pelos pares".

A "revisão pelos pares" é uma prática internacional de auditoria e, no Brasil, o é por questões legais. O CFC, com a Resolução nº 914/2001, aprovou a NBC T 11 – IT 6, que estabeleceu, em seu art. 1º, que "Os auditores independentes – empresas ou profissionais autônomos – devem implantar e manter regras e procedimentos de supervisão e controle interno de qualidade, que garantam a qualidade dos serviços executados". A Resolução CFC nº 1.323, de 21 de fevereiro de 2011, aprovou a NBC PA 11– Revisão Externa de Qualidade pelos Pares, revogando a Resolução CFC nº 914/2001.

Entende-se como qualidade o atendimento ao estabelecido nas Normas Brasileiras de Contabilidade (NBCs) editadas pelo CFC e, na falta dessas, nos pronunciamentos do Ibracon e, quando aplicável, nas normas emitidas por órgãos reguladores específicos.

A revisão externa de qualidade é essencial para a garantia da qualidade dos serviços de auditoria independente no âmbito internacional e, por esse motivo, foi instituído pelo CFC e pelo Ibracon o Comitê Administrador do Programa de Revisão Externa de Qualidade (CRE).

Outra norma importante que regula a matéria é a Instrução CVM nº 308, de 14 de maio 1999, que prevê, entre outras exigências para a atuação do auditor independente, a existência de um cadastro específico; a atualização anual de conhecimentos pelo auditor independente (educação continuada) e a revisão pelos pares. A Instrução CVM nº 308/1999 foi o início de uma verdadeira revolução no mercado de trabalho de auditoria independente que acabou provocando toda a supervisão hoje exercida pelo CFC.

Em resumo, a atividade de auditoria independente, para ser exercida no âmbito do mercado de capitais, exige que o profissional obtenha o registro na CVM e, para tanto, ele deverá cumprir as exigências estabelecidas pela Instrução CVM nº 308/1999. O interessado deverá se submeter ao exame de qualificação técnica geral (QTG) aplicado anualmente pelo CFC. Em caso de aprovação, o contador será inscrito no Cadastro Nacional de Auditores Independentes (CNAI), administrado pelo CFC. Sem a aprovação no exame nacional e o registro no CNAI não é possível o profissional obter o registro na CVM.

Caso o contador queira atuar como auditor independente de instituições financeiras, deverá se submeter à prova específica sobre a legislação do Bacen. Da mesma forma, se pretender atuar no mercado securitário deverá realizar prova específica sobre a normatização da Susep. Para atuar em todos os mercados – de capitais, financeiro ou securitário – depende das aprovações individuais em cada um desses mercados, porém a não aprovação no exame do CFC (QTG), mesmo obtendo a aprovação em uma especialidade ou nas duas, impede o direito ao registro tanto no CNAI como na CVM.

Para se manter com o registro ativo no CNAI, o auditor deverá comprovar anualmente sua atualização profissional, seja por meio de treinamento pessoal, participação em eventos de cunho técnico/científico (seminários, congressos, *workshops*), exercício do magistério ou ainda orientação de trabalhos científicos em bancas de graduação, pós-graduação *lato sensu* ou *stricto sensu*. É o que se denomina "educação profissional continuada". A não comprovação por parte do auditor leva ao cancelamento do registro no CNAI e à consequente perda do registro de auditor independente na CVM. O auditor, para obter novamente o registro na CVM, terá de se submeter ao exame de qualificação técnica do CFC.

Os auditores também estão sujeitos a outras regras de caráter relevante, que visam preservar sua independência, previstas na Instrução CVM nº 308/1999, como é o caso do rodízio de auditores. A CVM proíbe que as firmas de auditoria prestem serviços por mais de cinco anos consecutivos a uma mesma empresa de capital aberto. Além do rodízio, há limitações para serviços de consultoria gerencial e tributária realizados para clientes de capital aberto.

Considerações finais

Foram apresentados, neste capítulo, a origem e a evolução histórica no mundo e no Brasil, os conceitos básicos, os objetivos e a razão econômica da auditoria, bem como os diversos tipos de auditoria e os profissionais que exercem a atividade.

A contratação obrigatória de auditores independentes por empresas sujeitas à legislação societária ou por serem reguladas por organismos governamentais também foi aqui abordada, assim como as regras a serem seguidas pelos auditores independentes no que diz respeito à supervisão e ao controle de qualidade dos serviços.

No capítulo seguinte, serão apresentadas as normas de auditoria independente, que se referem à pessoa do auditor, à execução do trabalho e à opinião, aplicáveis ao auditor independente para o exercício profissional.

2
Normas de auditoria independente

Neste capítulo, será apresentada a estrutura normativa da atividade de auditoria de acordo com os principais órgãos internacionais e nacionais que deliberam sobre a forma de atuação do auditor independente por meio das normas relativas à pessoa, à execução do trabalho e à opinião.

Estrutura normativa: organismos internacionais e nacionais

O exercício profissional da auditoria contábil é uma atividade padronizada internacionalmente. No Brasil, trata-se de uma prerrogativa legal do contador, o que por si só não garante a qualidade do exercício profissional de forma apropriada, pois requer estudo continuado em várias disciplinas, como exemplo de que o simples amparo da lei de regência profissional não garante o bom exercício da auditoria independente. É fundamental que existam normas que estabeleçam as características indispensáveis de ordem pessoal e a observância dos preceitos éticos gerais e específicos da profissão contábil. As principais técnicas para a execução dos trabalhos de auditora, a forma como o trabalho é executado e como emitir a opinião são definidos por organismos da profissão contábil no país e no mundo.

A quase totalidade das entidades que normatizam internacionalmente a atividade de auditoria é de direito privado; todavia, no Brasil, o CFC é a exceção, por ser um órgão de natureza pública. No quadro 2, apresentamos os principais organismos profissionais que serão melhor detalhados em tópicos distintos.

Quadro 2

Principais organismos profissionais

Sigla	Nomenclatura	País	Área de atuação
AIC	Associação Interamericana de Contabilidade	Porto Rico	Edita normas contábeis na região das Américas.
AICPA	American Institute of Certified Public Accountants	EUA	Edita normas, registra e fiscaliza auditores independentes nos Estados Unidos da América.
Bacen	Banco Central do Brasil	Brasil	Edita normas, supervisiona e fiscaliza a auditoria independente das instituições financeiras no Brasil.
CFC	Conselho Federal de Contabilidade	Brasil	Principal órgão normatizador de contabilidade, auditoria e perícia no país. Registra, por meio dos CRCs, os profissionais de contabilidade e fiscaliza suas atuações.
CPC	Comitê de Pronunciamentos Contábeis	Brasil	Realiza o trabalho de convergência das normas contábeis emitidas pelo Iasb de maneira centralizada e padronizada.
CVM	Comissão de Valores Mobiliários	Brasil	Fiscaliza, normatiza e disciplina o mercado de valores mobiliários no Brasil. Fiscaliza os auditores independentes das companhias abertas.
Fasb	Financial Accounting Standards Board	EUA	Edita normas e padrões contábeis norte-americanos.
Gasb	Governamental Accounting Standards Board	EUA	Edita normas e padrões contábeis para o setor governamental norte-americano.
Iasb	Internacional Accounting Standards Board	Inglaterra	Principal organismo emissor de normas e padrões contábeis. As práticas contábeis do IFRS são emitidas pelo *board* do Iasb e servem para difundir a convergência contábil internacionalmente.

▼

Ibracon	Instituto Brasileiro de Auditores Independentes	Brasil	Entidade sem fins lucrativos que edita normas e padrões de auditoria independente, atualmente em parceria com o CFC.
Ifac	Internacional Federation of Accountants	EUA	Edita normas de auditoria, contabilidade pública e educação contábil.
Susep	Superintendência de Seguros Privados	Brasil	Controla e fiscaliza os mercados de seguro, previdência privada aberta, capitalização e resseguro.

Como se nota, a atividade de auditoria conta com a supervisão de vários órgãos nos mais diversos níveis. De certa forma, isso contribui para o aprimoramento contínuo dos auditores, além de estabelecer limites para o exercício da atividade profissional. A seguir, vamos comentar sobre os principais organismos reguladores brasileiros.

Organismos nacionais

Os mais importantes organismos que regulam a profissão contábil e a atividade de auditoria serão apresentados seja por sua interferência direta na profissão, seja pela influência em áreas de atividades econômicas de grande peso no Produto Interno Bruto (PIB) brasileiro.

Conselho Federal de Contabilidade (CFC)

O CFC foi criado pelo Decreto-Lei nº 9.295, de 27 de maio de 1946, como uma autarquia especial corporativa dotada de personalidade jurídica de direito público, criada e regida por legislação específica.

Cabe ao CFC orientar, normatizar e fiscalizar o exercício da profissão contábil, por intermédio dos CRCs, cada um em sua base jurisdicional, nos estados e no Distrito Federal. Também é da competência do CFC decidir, em última instância, os recursos de penalidade imposta pelos conselhos regionais aos profissionais da contabilidade, entre eles os auditores independentes.

É prerrogativa legal do CFC promulgar os princípios de contabilidade e as NBCs de natureza técnica e profissional. Nesse universo normativo, estão as normas de contabilidade, auditoria e perícia. O CFC mantém o cadastro dos auditores independentes (CNAI) e fiscaliza a qualificação técnica dos mesmos por intermédio dos programas de educação continuada.

Comitê de Pronunciamentos Contábeis (CPC)

O CPC é o "braço" do Iasb no país. Sua criação pela Resolução CFC nº 1.055/2005 foi a maneira encontrada para, oficialmente, introduzir o Brasil no processo de convergência contábil internacional. Estatutariamente, o Iasb não pode ser representado em outros países por organismos que não sejam de direito privado, razão da criação do CPC.

Como a convergência contábil é um assunto que envolve diversos interesses, o CPC foi criado contando na sua composição com as seguintes entidades-membro:

- Associação Brasileira das Sociedades de Capital Aberto (Abrasca);
- Associação dos Analistas e Profissionais de Investimentos do Mercado de Capitais (Apimec);
- Bolsa de Valores de São Paulo (Bovespa);
- Conselho Federal de Contabilidade (CFC);
- Fundação Instituto de Pesquisas Contábeis, Atuariais e Financeiras (Fipecaf);
- Instituto dos Auditores Independentes do Brasil (Ibracon).

Cada entidade tem dois representantes, perfazendo o colegiado de 12 representantes que se reúnem pelo menos uma vez ao mês. Para deliberação, são necessários pelo menos sete representantes. A aprovação dos pronunciamentos técnicos, das orientações e das interpretações se dá, sempre por, no mínimo, 2/3 dos membros do CPC.

Além dos representantes das entidades-membro, o CPC convida sempre, para participar das reuniões, os representantes dos órgãos governamentais da esfera federal:

- Banco Central do Brasil (Bacen);
- Comissão de Valores Mobiliários (CVM);
- Secretaria da Receita Federal;
- Superintendência de Seguros Privados (Susep).

O CPC se dedica ao estudo, ao preparo e à emissão de pronunciamentos técnicos sobre procedimentos de contabilidade e à divulgação de informações dessa natureza para permitir a emissão de normas pela entidade reguladora brasileira, no caso o CFC, visando à centralização e uniformização do processo de produção, levando sempre em conta a convergência da contabilidade brasileira com os padrões internacionais. Os pronunciamentos técnicos se tornam documentos oficiais no Brasil após as audiências públicas, quando são recepcionados pela Câmara Técnica do Conselho Federal de Contabilidade, que os transforma nas Normas Brasileiras de Contabilidade (NBCs) após homologação pelo plenário do CFC.

Instituto Brasileiro de Auditores Independentes (Ibracon)

O Ibracon foi criado em 1971 com o objetivo de congregar auditores independentes, fortalecer o mercado de trabalho da auditoria e emitir normas e padrões de contabilidade de auditoria independente.

Ao longo da história da evolução da contabilidade e da auditoria no país, o Ibracon tem tido um papel preponderante na pesquisa científica contábil e pelo seu relacionamento com órgãos normatizadores internacionais, como é o caso do Internacional Federation of Accountants (Ifac). A partir da última década, vem atuando em conjunto com o CFC na emissão de normas de auditoria e, como já mencionado, participando como membro do CPC nas deliberações sobre os pronunciamentos técnicos, orientações e interpretações.

Comissão de Valores Mobiliários (CVM)

A CVM foi criada em 7 de dezembro de 1976 pela Lei nº 6.385, com o objetivo de fiscalizar, normatizar, disciplinar e desenvolver o mercado de valores mobiliários no Brasil. A CVM é uma entidade autárquica em regime especial, vinculada ao Ministério da Fazenda, com personalidade jurídica e patrimônio próprios, dotada de autoridade administrativa independente, ausência de subordinação hierárquica, mandato fixo e estabilidade de seus dirigentes, contando com autonomia financeira e orçamentária.

Como mencionado, o auditor independente tem de possuir o registro na CVM para auditar as demonstrações contábeis de companhias de capital aberto. Ao se registrar, o auditor independente assume obrigações perante a CVM e o mercado de um modo geral, devendo, portanto, manter atualizadas suas informações cadastrais. A Instrução CVM nº 308/1999 e suas notas explicativas contêm todas as exigências que envolvem desde o registro na autarquia, sua manutenção e demais exigências aplicáveis à atividade de auditoria independente no mercado de capitais.

Banco Central do Brasil (Bacen)

O Bacen, autarquia federal integrante do Sistema Financeiro Nacional (SFN), foi criado pela Lei nº 4.595/1964 e entrou em atividade em março de 1965 para exercer o papel de "banco dos bancos". Ao longo de sua história, o Bacen foi aprimorando esse papel de maneira a atuar como órgão normatizador e supervisor do SFN.

O Bacen operacionaliza as deliberações do Conselho Monetário Nacional (CMN) por meio de circulares, instruções, deliberações sobre a moeda nacional, taxa de juros, controle da inflação, mercado cambial, mercado bancário, entre outros assuntos de sua competência.

Para poder trazer maior segurança e credibilidade ao mercado financeiro o Bacen conta com a atuação dos auditores independentes para opinarem sobre a fidedignidade das demonstrações contábeis das instituições financeiras e demais entidades por ele reguladas, como determinado em legislação própria. Os auditores independentes que auditam instituições financeiras devem possuir registro, respectivamente, no CNAI, administrado pelo CFC, e também na CVM.

Em 2003, o Bacen, pela Resolução nº 3.081, estabeleceu para as instituições financeiras com patrimônio de referência (PR) igual ou superior a R$ 200 milhões a obrigatoriedade de constituição de Comitê de Auditoria, órgão estatutário com funções de avaliar a efetividade das auditorias independente e interna, e revisar as demonstrações contábeis semestrais, entre outras. Posteriormente, esse limite do PR foi alterado para R$ 1 bilhão, em virtude das dificuldades enfrentadas por instituições de menor porte.

O Comitê de Auditoria tem um papel importante no que concerne à governança das instituições financeiras, fruto de suas atribuições, respeitadas as seguintes condições:

- a quantidade mínima de integrantes do comitê é de três nas instituições de capital fechado, sem determinação de tempo máximo de mandato;
- membro de conselho fiscal de instituição financeira ou de sociedade a ela ligada não pode ser integrante do seu comitê de auditoria;
- não podem integrar o comitê de auditoria cônjuges, ou parentes em linha reta, em linha colateral e por afinidade, até o segundo grau, dos diretores ou de integrantes da equipe de auditoria com função de gerência na instituição financeira;
- no caso das instituições de capital fechado, que todos os integrantes do comitê de auditoria da instituição sejam também seus diretores com pelo menos um ano de efetivo exercício no cargo, podendo o Banco Central do Brasil dispensar tal tempo mínimo. É obrigatória a participação do diretor responsável pela contabilidade e auditoria no comitê de auditoria, dispensado automaticamente, nesse caso, da exigência do tempo de efetivo exercício no cargo;
- na hipótese de estabelecimento de mandato inferior aos cinco anos máximos previstos na norma para os membros do comitê de auditoria de instituições com ações negociadas em bolsa de valores, o mesmo pode ser renovado até aquele limite mediante autorização prévia do Banco Central do Brasil;
- nas instituições de capital fechado os membros podem optar pela remuneração de diretor ou de integrante do comitê de auditoria;
- o comitê de auditoria deve reunir-se com o conselho fiscal e o conselho de administração, por solicitação dos mesmos, para discutir políticas, práticas e procedimentos identificados no âmbito das suas respectivas competências;
- o conselho fiscal não pode exercer as atribuições do comitê de auditoria, preservando sua independência e reforçando a estrutura de governança corporativa.

Superintendência de Seguros Privados (Susep)

A Susep é uma autarquia vinculada ao Ministério da Fazenda, criada pelo Decreto-Lei nº 73, de 21 de novembro de 1966, como o órgão responsável pelo controle e pela fiscalização dos mercados de seguro, de previdência privada aberta, de capitalização e de resseguro. Deve regular, supervisionar e fomentar os mercados de seguros, de resseguros, de previdência complementar aberta, de capitalização e de corretagem, e garantir que esses mercados prestem os serviços com qualidade aos consumidores contratantes.

O Conselho Nacional de Seguros Privados (CNSP) é o órgão ao qual a Susep está subordinada e que estabelece as diretrizes do mercado securitário e previdenciário brasileiro, cabendo à Susep, portanto, a operacionalização das decisões do CNSP.

Para garantir a qualidade dos serviços, uma das medidas vigentes é a obrigatoriedade de contratação de auditoria independente para o exame e emissão de opinião sobre as demonstrações contábeis das entidades que atuam nos mercados regulados pela Susep.

A Resolução CNSP nº 321/2015 dispõe sobre diversos assuntos de natureza técnica e, principalmente, sobre normas contábeis, auditoria contábil e auditoria atuarial independente e comitê de auditoria referentes a seguradoras, entidades abertas de previdência complementar, sociedades de capitalização e resseguradoras. Da mesma forma análoga ao Bacen, o CNSP, em 2004, com a Resolução nº 118, tornou obrigatória a criação de comitê de auditoria para as entidades reguladas pela Susep. Essa norma foi revogada pela Resolução CNSP nº 212/2014, que fixou novas condições para o funcionamento dos comitês de auditoria.

A auditoria em entidades seguradoras, de previdência complementar, de capitalização e de resseguros requer um grau elevado de conhecimento e especialização.

Para seu correto exercício, a Susep estabelece as condições para assuntos como auditoria atuarial, certificação do auditor independente e educação continuada para os auditores. Atualmente, a Circular nº 517/2015 é que regula e estabelece as condições para tais assuntos ao aprovar o Pronunciamento Técnico CPA-002 – Auditoria Atuarial Independente –, elaborado pelo Instituto Brasileiro de Atuária (IBA), e dispor sobre a exigência de certificação do auditor independente, bem como pela sua educação continuada.

Da forma análogo ao que ocorre no Bacen os auditores independentes que auditam instituições fiscalizadas pela Susep têm de possuir registro, respectivamente, no CNAI, administrado pelo CFC, e na CVM.

Superintendência Nacional de Previdência Complementar (Previc)

A Previc é uma entidade governamental autônoma constituída na forma de autarquia especial vinculada ao Ministério da Previdência Social, instituída em 2009 (Lei nº 12.154/2009), com a finalidade de fiscalizar e supervisionar as entidades fechadas de previdência complementar e de executar políticas para o regime de previdência complementar.

O Conselho Nacional de Previdência Complementar (CNPC) é o órgão ao qual a Previc está subordinada e que estabelece as diretrizes do mercado de previdência fechada complementar nacional, cabendo à Previc a operacionalização das decisões do CNPC.

A Instrução Normativa nº 31, de 22 de janeiro de 2002, da Superintendência Nacional de Previdência Complementar (SPC) estabelece os procedimentos a serem adotados pelas entidades fechadas de previdência complementar para contratação de auditoria independente para as entidades fechadas de previdência complementar. Tal norma estabelece o rodízio de auditores a cada intervalo de quatro anos.

A Previc não prevê o registro na CVM nem menciona a obrigatoriedade de educação continuada anualmente, como ocorre para os auditores habilitados a prestar serviços para as empresas reguladas pelo Bacen e pela Susep. Também não há previsão de instalação de comitê de auditoria, fato comum nas instituições financeiras e empresas da esfera da Susep.

Organismos internacionais

Os principais organismos no mundo que regulam a profissão estão aqui mencionados por influenciarem diretamente nas atividades contábeis e de auditoria. Esses organismos direta ou indiretamente, por seus atos, buscam oferecer ao mercado empresarial sistemas de informações contábeis confiáveis e de qualidade.

Securities Exchange Commission (SEC)

A SEC foi criada nos Estados Unidos em 1936 com o objetivo de regular o mercado norte-americano e proteger os pequenos e grandes acionistas contra fraudes ou perdas não intencionais.

Sua atuação está pautada em garantir que as operações realizadas no mercado mobiliário norte-americano o sejam de forma disciplinada e segura para os investidores e para a economia de uma forma geral.

Desde sua criação, a SEC identifica atos lesivos ao mercado mobiliário americano, como a utilização de informações privilegiadas por parte de agentes ou dirigentes nas negociações de ações e também a detecção de fraudes contábeis e o fornecimento de informações falsas ou ilusórias para prejudicar os investidores e a sociedade como um todo. Por meio dos seus poderes, a SEC, após processos de investigação regulares, pune exemplarmente os infratores que, então, são afastados do mercado mobiliário americano.

Em resumo, as principais atribuições da SEC são:

- supervisionar todas as entidades empresariais registradas no país, incluindo suspensões e revogações de seus registros;
- formular políticas para o mercado de valores mobiliários;
- controlar e aprovar declarações de registro de segurança;
- investigar as violações de leis de valores mobiliários e impor sanções para tais violações;
- emitir intimações e punir os infratores da lei.

A SEC edita normativos com a preocupação de que as demonstrações contábeis sejam fidedignas para que os investidores tenham a percepção de que podem alocar seus recursos com tranquilidade, e, para isso, é requerida a opinião de auditores independentes de maneira similar à que se verifica no Brasil. Outra preocupação é com a prestação de serviços de consultoria pelo mesmo auditor independente responsável por opinar sobre a fidedignidade das demonstrações contábeis de uma mesma empresa, situação que pode ser considerada conflitante, vindo a independência do auditor a ser questionada.

Public Company Accounting Oversight Board (PCAOB)

O PCAOB é o órgão ligado à SEC, criado em 2002 pela Lei Sarbanes-Oxley para supervisionar as auditorias das empresas de capital aberto e outros emissores de títulos mobiliários, visando proteger os interesses dos investidores e promover o interesse público sobre os critérios e parâmetros para a elaboração de relatórios de auditoria informativos, apropriados e independentes. As regras emitidas pelo PCAOB são submetidas à SEC e, para entrar em vigência, têm de ser por ela aprovadas.

O PCAOB é composto por cinco membros nomeados pela SEC, dos quais dois têm de ser *certified public accountants* (CPA). Tem por finalidade supervisionar os auditores independentes de empresas de capital aberto, conceder-lhes o registro no órgão, fiscalizá-los, emitir normas profissionais e de execução. Desde sua criação, o PCAOB passou a ser o braço operacional da SEC na supervisão dos auditores independentes.

American Institute of Certified Public Accountants (AICPA)

O Instituto Americano de Contadores Públicos Certificados (AICPA), criado em 1887, é a organização profissional nacional dos contadores americanos. É um organismo privado que fixa os padrões éticos da profissão contábil e, especificamente, para os auditores norte-americanos. O AICPA é um dos principais membros da International Federation of Accountants (Ifac) – Federação Internacional de Contadores.

International Accounting Standards Board (Iasb)

O Conselho de Padrões e Normas de Contabilidade Internacional (Iasb) foi fundado em 1º de abril de 2001 como o sucessor do International Accounting Standards Committee (Iasc) – Comitê de Padrões de Normas Internacionais de Contabilidade. É um órgão que possui independência e é de natureza privada, com sede em Londres, Inglaterra. No Brasil é representado pelo CPC.

É o responsável pelo desenvolvimento das práticas contábeis e princípios de contabilidade International Financial Reporting Standards (IFRS) – Padrões de Relatórios Contábeis Internacionais, anteriormente conhecidos como Normas Internacionais de Contabilidade (IAS), e pela promoção da utilização e aplicação dessas normas.

O Iasb opera por meio de um conselho que atua em tempo integral e é composto por um presidente e 15 membros dos principais continentes, tendo cada um o direito de voto. Os membros devem ser especialistas em contabilidade com robusta formação acadêmica e profissional, especialmente no estabelecimento de normas contábeis locais dos seus países ou regiões, na elaboração de relatórios contábeis e na utilização dos mesmos para processos decisórios.

Os recursos do Iasb são oriundos das doações realizadas por empresas, principalmente bancos, empresas de capital aberto e firmas de auditoria.

Principais normas que afetam o trabalho do auditor

O auditor independente, para exercer suas atribuições, deve observar um conjunto de normas de organismos distintos: CFC, CVM, Bacen, Susep, Previc, como já comentado.

No que respeita às normas de contabilidade e auditoria, o profissional tem de seguir os acervos vigentes do CFC relativos ao exercício profissional e aqueles de características técnicas. Como contador, o auditor deve ter pleno domínio dos princípios de contabilidade vigentes no Brasil e que estão definidos na Resolução CFC nº 1.282/2010, que atualizou a Resolução CFC nº 750/1993.

A estrutura das NBCs está regulamentada na Resolução CFC nº 1.328/2011 e na Resolução CFC nº 1.443/2013. As NBSc classificam-se em *profissionais*, que estabelecem as regras de exercício profissional, e *técnicas*,que estabelecem os conceitos doutrinários, regras e procedimentos aplicados à ciência contábil.

As normas profissionais têm a seguinte classificação:

- NBC PG – geral;
- NBC PA – do auditor independente;
- NBC PP – do perito.

As normas técnicas classificam-se em:

- NBC TG – geral
  - normas completas;
  - normas simplificadas para PMES;
  - normas específicas;
- NBC TA – de auditoria independente de informação histórica;
- NBC TR – de revisão de informação contábil histórica;
- NBC TO – de asseguração de informação não histórica;
- NBC TSC – de serviço correlato;
- NBC TI – de auditoria interna;
- NBC TP – de perícia.

As NBCs são convergentes com as Normas Internacionais de Contabilidade emitidas pelo Iasb, e as Normas Internacionais de Auditoria e de Asseguração são convergentes com as Normas Internacionais de Auditoria e Contabilidade para o Setor Público, da lavra do Ifac.

Especificamente em relação às atividades de auditoria, o CFC emitiu as seguintes normas NBC TA – de auditoria independente de informação histórica apresentadas no quadro 3.

Quadro 3
Normas de auditoria independente de informação histórica

Estrutura conceitual	Estrutura conceitual para trabalhos de asseguração.
NBC TA 200	Objetivos gerais do auditor independente e a condução da auditoria em conformidade com normas de auditoria.
NBC TA 210	Concordância com os termos do trabalho de auditoria.
NBC TA 220 (R1)	Controle de qualidade da auditoria de demonstrações contábeis.
NBC TA 230	Documentação de auditoria.
NBC TA 240	Responsabilidade do auditor em relação à fraude, no contexto da auditoria de demonstrações contábeis.
NBC TA 250	Consideração de leis e regulamentos na auditoria de demonstrações contábeis.
NBC TA 260 (R1)	Comunicação com os responsáveis pela governança.
NBC TA 265	Comunicação de deficiências de controle interno.
NBC TA 300	Planejamento da auditoria de demonstrações contábeis.
NBC TA 315	Identificação e avaliação dos riscos de distorção relevantes por meio do entendimento da entidade e do seu ambiente.
NBC TA 320	Materialidade no planejamento e na execução da auditoria.
NBC TA 330	Resposta do auditor aos riscos avaliados.
NBC TA 402	Considerações de auditoria para a entidade que utiliza organização prestadora de serviços.
NBC TA 450	Avaliação das distorções identificadas durante a auditoria.
NBC TA 500	Evidência de auditoria.
NBC TA 501	Evidência de auditoria - Considerações específicas para itens selecionados.
NBC TA 505	Confirmações externas.
NBC TA 510	Trabalhos iniciais - Saldos iniciais.
NBC TA 520	Procedimentos analíticos.
NBC TA 530	Amostragem em auditoria.
NBC TA 540	Auditoria de estimativas contábeis, inclusive do valor justo, e divulgações relacionadas.
NBC TA 550	Partes relacionadas.
NBC TA 560	Eventos subsequentes.
NBC TA 570	Continuidade operacional.
NBC TA 580	Representações formais.
NBC TA 600	Considerações especiais - Auditorias de demonstrações contábeis de grupos, incluindo o trabalho dos auditores dos componentes.
NBC TA 610	Utilização do trabalho de auditoria interna.
NBC TA 620	Utilização do trabalho de especialistas.

▼

NBC TA 700	Formação da opinião e emissão do relatório do auditor independente sobre as demonstrações contábeis
NBC TA 705	Modificações na opinião do auditor independente.
NBC TA 706	Parágrafos de ênfase e parágrafos de outros assuntos no relatório do auditor independente.
NBC TA 710	Informações comparativas - Valores correspondentes e demonstrações contábeis comparativas.
NBC TA 720	Responsabilidade do auditor em relação a outras informações incluídas em documentos que contenham demonstrações contábeis auditadas.
NBC TA 800	Considerações especiais - Auditorias de demonstrações contábeis elaboradas de acordo com estruturas conceituais de contabilidade para propósitos especiais.
NBC TA 805	Considerações especiais - Auditoria de quadros isolados das demonstrações contábeis e de elementos, contas ou itens específicos das demonstrações contábeis.
NBC TA 810	Trabalhos para a emissão de relatório sobre demonstrações contábeis condensadas
CTA 02	Emissão do relatório do auditor independente sobre demonstrações contábeis individuais e consolidadas.
CTA 03	Emissão do relatório do auditor independente sobre demonstrações contábeis individuais e consolidadas de instituições financeiras e demais instituições autorizadas a funcionar pelo Banco Central do Brasil (BCB).
CTA 04	Emissão do relatório do auditor independente sobre demonstrações contábeis individuais e consolidadas de entidades supervisionadas pela Superintendência de Seguros Privados (Susep).
CTA 05	Emissão do relatório do auditor independente sobre demonstrações contábeis de fundos de investimento.
CTA 06	Emissão do relatório do auditor independente sobre demonstrações contábeis de companhias abertas, conforme facultado pela Deliberação CVM nº 656/11.
CTA 07	Emissão do relatório do auditor independente sobre demonstrações contábeis individuais e consolidadas de entidades supervisionadas pela ANS.
CTA 08	Emissão do relatório do auditor independente sobre demonstrações contábeis das entidades fechadas de previdência complementar (EFPC).
CTA 09	Emissão do relatório do auditor independente sobre demonstrações contábeis de entidades de incorporação imobiliária.
CTA 10	Emissão do relatório (parecer) do auditor independente sobre demonstrações contábeis de pequenas e médias empresas.
CTA 11	Emissão de relatórios de revisão das informações trimestrais do ano de 2010.
CTA 12	Emissão do relatório do auditor independente sobre as demonstrações contábeis de grupo econômico.

▼

CTA 13	Emissão do relatório do auditor independente sobre as demonstrações contábeis individuais e consolidadas de entidades supervisionadas pela ANS.
CTA 14	Emissão do relatório do auditor independente sobre demonstrações contábeis de instituições autorizadas a funcionar pelo BCB, em decorrência da opção facultada para diferimento do resultado líquido negativo.
CTA 15	Emissão de relatório de auditoria sobre as demonstrações contábeis intermediárias individuais de entidades supervisionadas pela Susep, referentes ao semestre findo em 30 de junho de 2012.
CTA 16	Emissão de relatório de auditoria sobre a base de contribuições dos agentes financeiros ao Fundo de Compensação de Variações Salariais (FCVS).
CTA 17	Emissão do relatório do auditor independente sobre as demonstrações contábeis individuais e consolidadas em decorrência de alterações introduzidas para o teste de adequação de passivos pela Susep.
CTA 18	Emissão do relatório do auditor independente e procedimentos de auditoria requeridos quando da reapresentação de demonstrações contábeis ou informações intermediárias.
CTA 19	Orientação aos auditores independentes sobre o entendimento a respeito dos procedimentos adotados, ou a serem adotados, pela administração das entidades na avaliação dos assuntos contidos na Medida Provisória nº 627/13.
CTA 20(R1)	Orientação aos auditores independentes sobre os padrões técnicos e profissionais a serem observados para emissão de laudo de avaliação dos ativos líquidos a valor contábil ou dos ativos líquidos contábeis ajustados a preços de mercado.
CTA 21	Orientação para emissão de relatório do auditor independente sobre as demonstrações contábeis consolidadas do conglomerado prudencial das instituições financeiras e demais instituições autorizadas a funcionar pelo Banco Central do Brasil, exceto cooperativas de crédito, a que se refere à Resolução nº 4.280 do Conselho Monetário Nacional (CMN), de 31 de outubro de 2013, e regulamentações complementares.
CTA 22	Procedimentos de auditoria a serem considerados para aplicação do CTG 08.
CTA 23	Dispõe sobre procedimentos que devem ser observados quando o auditor independente for contratado para emitir carta-conforto em conexão com processo de oferta de títulos e valores mobiliários.

Para a realização dos trabalhos de auditoria, o auditor deverá seguir as denominadas normas de auditoria, que se dividem em três tipos:

- normas relativas à pessoa do auditor;
- normas relativas à execução do trabalho;
- normas relativas à opinião do auditor.

Normas relativas à pessoa do auditor

O comportamento ético e as condições básicas para o exercício profissional com a qualificação técnica necessária estão definidos nas normas relativas à pessoa do auditor. O trabalho de auditoria independente é da exclusiva responsabilidade da pessoa física que emite opinião na forma de um relatório (parecer). A contratação dos serviços de auditoria das demonstrações contábeis pode ser diretamente com a pessoa física ou por intermédio de pessoa jurídica (firmas de auditoria).

As consequências, civis e penais, de alguma falha cometida na execução dos serviços de auditoria de caráter profissional são exclusivas do auditor independente e, de forma compartilhada, da firma de auditoria, em caso de contratação de pessoa jurídica.

As condições mais relevantes a serem consideradas para o atendimento dessas normas devem ser aquelas que dizem respeito à competência técnica, independência mental, cuidado e zelo na execução da auditoria e a manutenção do sigilo profissional.

O auditor independente, ao ser convidado para a realização de uma auditoria, deve sempre considerar se as condições exigidas podem ser atendidas. Deve considerar também sua qualificação sobre o segmento empresarial a ser auditado. Sua independência mental deve ser avaliada ao verificar se existe algum tipo de impedimento que venha futuramente a comprometer a opinião emitida sobre as demonstrações contábeis examinadas. Se concluir que não possui experiência e qualificação ou que existem fatores que possam afetar sua independência em relação ao futuro cliente, ele deve recusar o convite.

As principais características ou requisitos das normas relativas à pessoa do auditor são as seguintes:

- independência mental;

- competência técnica;
- zelo profissional.

Vejamos cada uma delas.

Independência mental

A NBC PA 290 (R1) prescreve que há impedimento para aceitar um trabalho de auditoria independente se, no período a que se refere à auditoria ou durante sua execução, em relação à entidade ou mesmo grupo econômico, ocorrer, por parte do auditor:

a) vínculo conjugal ou parentescos consanguíneos em linha reta, sem limites de grau, em linha colateral até o terceiro grau e por afinidade até o segundo grau com administradores, acionistas, sócios ou empregados que tenham ingerência na administração ou nos negócios ou que sejam responsáveis por sua contabilidade;
b) relação de trabalho como empregado, administrador ou colaborador assalariado, ainda que essa relação seja indireta, nos últimos dois anos;
c) participação direta ou indireta como acionista ou sócio;
d) interesse financeiro direto, imediato ou mediato, ou substancial interesse financeiro indireto, compreendida a intermediação de negócios de qualquer tipo e a realização de empreendimentos conjuntos;
e) função ou cargo incompatível com a atividade de auditoria independente;
f) fixação de honorários condicionais ou incompatíveis com a natureza do trabalho contratado;

g) qualquer outra situação de conflito de interesses no exercício da auditoria independente, na forma que vier a ser definida pelos órgãos reguladores ou fiscalizadores.

Basta que ocorra uma das situações acima mencionadas para que o auditor independente recuse assumir o trabalho ou renuncie ao contrato, caso o mesmo esteja em curso.

Competência técnica

Outro fator importante para o exercício profissional é a competência profissional. A norma determina que o auditor responsável e os membros de sua equipe devem ter a qualificação plena para auditar as demonstrações contábeis. A qualificação decorre das habilitações acadêmicas e profissionais que cada um deve possuir – auditor líder e equipe – para embasar a opinião final expressada. Os riscos de continuidade – falência completa ou parcial e intervenção ou liquidação – de uma entidade devem ser diagnosticados na auditoria e divulgados no relatório de opinião do auditor independente.

A norma profissional vigente diz que o contador, no exercício da auditoria independente, deve manter seu nível de competência profissional pelo conhecimento atualizado:

- dos princípios de contabilidade;
- das NBCs;
- das técnicas contábeis e de auditoria;
- da legislação aplicável à entidade a ser auditada.

Para realizar seu trabalho o auditor deverá conhecer preliminarmente as atividades da entidade a ser auditada, bem como suas características específicas: estrutura organizacional, complexidade das operações e o grau de exigência requerido para a realização da auditoria, de maneira que possa avaliar se possui capacitação para assumir a responsabilidade pela emissão de uma opinião sobre as demonstrações contábeis. Caso julgue não possuir as qualificações requeridas, deve inevitavelmente recusar o trabalho.

Zelo profissional

Todas as etapas do trabalho de auditoria devem ser baseadas no cuidado e no zelo. São responsabilidades do auditor independente a manutenção do sigilo profissional (confidencialidade) de forma permanente e a guarda dos papéis de trabalho da auditoria (documentação-suporte) pelo prazo de cinco anos, como estabelecem o CFC e a CVM em suas respectivas normas.

O conceito de zelo profissional implica os seguintes conceitos--chave:

- sigilo profissional – o auditor independente deve manter em sigilo fatos e informações do seu conhecimento e que lhe tenham sido revelados pelo cliente. O sigilo profissional é aplicado durante a auditoria e depois dela, independentemente de o auditor continuar ou não prestando serviços ao cliente. O sigilo profissional atende à norma de conduta ética e moral;
- papéis de trabalho – é no conjunto de papéis de trabalho elaborado pelo auditor que fica evidenciada a estrutura do trabalho realizado, as evidências obtidas com base no volume de testes de transações e as conclusões. Os papéis de trabalho pertencem ao auditor independente e devem ser guardados por cinco anos por exigência do CFC;
- honorários – devem ser calculados pelo auditor independente considerando a quantidade de horas totais a serem

despendidas pelos diversos componentes de sua equipe, a complexidade das operações e o grau de responsabilidade do auditor;

- utilização de trabalho de especialistas – alguns assuntos que devem ser examinados e avaliados durante a realização de uma auditoria não são do domínio do auditor independente, o que o leva a ter de contratar ou a utilizar os serviços de outros especialistas para que seja possível expressar sua opinião com um grau de confiabilidade apropriado.

Normas relativas à execução do trabalho do auditor

Como comentado, o trabalho do auditor independente deve ser realizado com base em regras, minuciosamente aplicadas, desde o momento em que o convite lhe é feito pela entidade que o quer contratar até a emissão final do relatório de auditoria contendo sua opinião.

As normas de auditoria para a execução do trabalho definem que o auditor independente realiza os exames em duas fases: preliminar (inicial) e final (conclusão). Na fase preliminar, o auditor avalia o ambiente de controle interno e os riscos de auditoria, e executa o procedimento de revisão analítica para diagnóstico do grau de confiabilidade das transações da empresa no que diz respeito a erros e/ou irregularidades (fraudes). O auditor define pequenas amostras estatísticas ou direcionadas para verificar a conformidade com normas e políticas estabelecidas pela empresa para fins de validação dos controles internos existentes. Quanto maior for a comprovação, pelo auditor, da qualidade dos controles, menor será o volume de testes substantivos na fase final.

Na fase final, a aplicação dos testes substantivos e a aplicação de procedimentos para verificar a ocorrência de eventos subsequentes à data de encerramento das demonstrações contábeis permitem ao auditor independente opinar sobre a fidedignidade das demonstrações contábeis tomadas em conjunto, em relação à observância aos princípios de contabilidade, às práticas contábeis e ao cumprimento da legislação aplicáveis à entidade auditada. Ao término do seu trabalho o auditor deve ter condições de identificar o risco de descontinuidade da entidade (falência especial, falência, intervenção, liquidação ou encerramento das atividades).

Por realizar seus serviços com base em testes (amostragem) existe o *risco de detecção*, como será comentado no capítulo 3, razão pela qual, como forma de proteção profissional, o auditor independente deverá solicitar da administração da empresa uma correspondência denominada "carta de responsabilidade da administração", prevista na NBC T nº 11 (11.2.14), que tem por finalidade dar conforto ao auditor sobre a incidência de fatos que podem ou poderiam influenciar sua opinião final.

Os principais objetivos da carta de responsabilidade da administração são:

- obter evidência auditorial por escrito;
- delimitar as responsabilidades do auditor e da administração;
- obter maior confiabilidade das informações transmitidas verbalmente pela administração durante a auditoria;
- garantir o auditor independente quanto às responsabilidades posteriores à realização da auditoria em que o nome do auditor esteja diretamente associado;
- obter esclarecimentos sobre os pontos não constantes das demonstrações contábeis (*off-balance*), tais como: contingências ou responsabilidades não reconhecidas contabilmente ou não divulgadas, possibilidades reais de realização de ativos e riscos de continuidade dos negócios.

A figura a seguir demonstra o ciclo completo do trabalho do auditor independente, com as etapas (inicial, preliminar e final) e as respectivas atividades.

Ciclo completo do trabalho do auditor

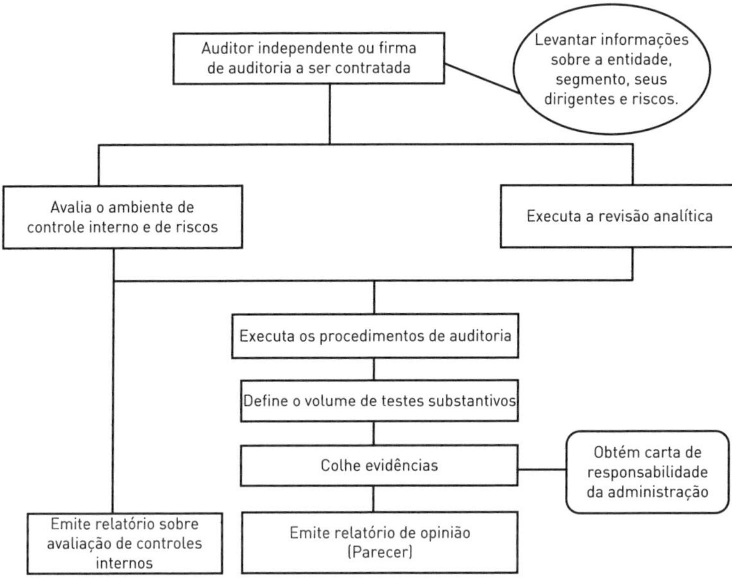

Considerações finais

Neste capítulo tratamos dos principais organismos nacionais e internacionais que influenciam as atividades profissionais dos auditores independentes e das normas profissionais de auditoria que devem ser seguidas pelos auditores.

Os três pilares normativos em que o auditor deve se basear para o exercício profissional (pessoa, trabalho e opinião) constam deste capítulo, porém o detalhamento e a exemplificação das normas de execução e de opinião (antigo parecer de auditoria) serão vistos nos capítulos 3 e 4, respectivamente.

3
Planejamento e execução da auditoria independente

O principal objetivo deste capítulo é dar uma visão abrangente das fases iniciais da auditoria que tenha como meta a emissão de opinião independente acerca da fidedignidade das demonstrações contábeis examinadas. O processo de auditoria evoluiu significativamente nos últimos 20 anos, acompanhando a dinâmica dos mercados no que concerne à forma de se fazer negócios aliada à globalização dos mercados.

Planejamento da auditoria

Planejar significa, de maneira ampla, definir objetivos claros e perseguir com firmeza e determinação os meios para alcançá-los. Em auditoria, essa definição se ajusta naquilo que é essencial para o sucesso do trabalho do auditor, pois define a estratégia global a ser empregada para o alcance dos objetivos pretendidos. Planejar a auditoria implica:

- entender os objetivos do trabalho. Qual a intenção do cliente ao contratar o auditor? Quais relatórios serão emitidos em função do trabalho contratado?;
- obter o máximo de informações a respeito do cliente que contratou a auditoria. Analisar a logística: locais que serão

visitados, meios de transporte, hospedagem, locomoção, pessoas-chave, endereços;
- definir o cronograma de eventos: visitas ao cliente, data prevista para entrega de relatórios, atendimento a órgãos de governança e reguladores;
- analisar requisitos técnicos demandados, uso ou não de especialistas, entender o ambiente tecnológico;
- identificar e avaliar os riscos de auditoria tendo em vista o ambiente de negócios do cliente e seus controles internos;
- definir o nível de materialidade e do erro tolerável que as demonstrações contábeis podem conter sem prejuízo para sua fidedignidade.

Depois de esclarecidos esses aspectos, coletadas as informações e identificada a composição da equipe de auditores é que se passará para a próxima etapa do planejamento, a qual consiste na elaboração do programa de auditoria. Programa de auditoria é o conjunto de procedimentos de natureza técnica para coleta e análise das evidências de auditoria indispensáveis à formação da opinião do auditor a respeito da fidedignidade das demonstrações contábeis. No programa de auditoria devem estar especificadas: (1) a natureza do trabalho; (2) a época mais oportuna para a realização de certos procedimentos técnicos, bem como a extensão e a profundidade dos exames e (3) outras indicações e detalhes que possam contribuir para o atingimento dos objetivos pretendidos com a auditoria.

Programa de auditoria não se confunde com planejamento da auditoria, e ambos não têm o mesmo significado. Planejamento é mais abrangente por incluir, além do programa de auditoria, outros aspectos relevantes para que o trabalho do auditor tenha êxito e, assim, atenda aos objetivos definidos pelo contratante do serviço. Mais à frente, voltaremos a tratar do programa de auditoria, inclusive com exemplo prático.

Avaliação dos riscos de auditoria

Risco é a possibilidade, previsível ou não, de ocorrer algo desagradável. Risco não se confunde com incerteza. Risco é um evento para o qual se possa determinar um valor monetário. Quando não é possível atribuir valor a determinado risco identificado, está-se diante de uma incerteza.

Risco é inerente à atividade empresarial, está no dia a dia dos negócios. Os economistas definem lucro como o reembolso dos riscos assumidos. Logo, por consequência, quanto maior for o risco assumido, maior deveria ser o lucro obtido. Evidentemente, essa lógica não se sustenta na realidade. De qualquer forma, toda atividade empresarial está sujeita à ocorrência de riscos em maior ou menor grau.

Para as empresas, os riscos podem ser de várias modalidades:

- riscos inerentes ao próprio negócio: (1) riscos de continuidade da empresa: capacidade de saldar dívidas e remunerar os sócios por prazo indeterminado; (2) riscos de reputação associados à imagem da empresa no mercado;
- riscos de tesouraria: (1) evaporação do poder de compra, (2) crise de liquidez das instituições financeiras em que os recursos da empresa estão aplicados e (3) furtos, fraudes e roubos;
- riscos políticos: (1) ambiente político hostil, (2) *lobbies* políticos da concorrência e (3) corrupção de agentes políticos: parlamentares, autoridades reguladoras;
- riscos da natureza, catástrofes ambientais.

Empresas bem organizadas e com governança corporativa eficaz sabem como enfrentar os riscos a que estão sujeitas e adotam medidas como:

- elaboração da matriz de riscos: identificação, classificação e mensuração do impacto para a empresa caso os riscos se materializem;
- estabelecimento de regras e procedimentos para monitoramento dos riscos identificados: controles e planos de ação;
- auditoria de conformidade periódica para se certificar de que as regras e os procedimentos de controle são eficazes e estão sendo observados regularmente.

Os auditores independentes precisam identificar e avaliar os riscos a que a empresa auditada está sujeita, e isso, por vezes, não é uma tarefa simples, podendo ser necessária a intervenção de especialista para auxiliar o auditor.

Além de avaliar os riscos do seu cliente que possam ameaçar-lhe a sobrevivência, e de acordo com a legislação profissional, o auditor também tem de avaliar seus próprios riscos no desempenho das atividades. É o chamado "risco de auditoria".

Risco de auditoria é a possibilidade de o auditor vir a emitir uma opinião tecnicamente inapropriada sobre demonstrações contábeis significativamente incorretas. Representa a combinação do risco inerente, do risco de controle e do risco de detecção.

O auditor avalia a relevância dos riscos de auditoria em dois níveis:

- nível geral, considerando as demonstrações contábeis em conjunto, as atividades exercidas pela empresa, a qualidade da sua administração, o grau de efetividade do sistema de controles internos e a situação econômico-financeira da empresa;
- nível específico, considerando o saldo das contas, sua natureza e o volume de transações.

De forma simplificada, o auditor determina qual a magnitude do risco de auditoria que estará correndo ao aceitar um cliente novo ou em caso de renovação de contrato de prestação de serviços, principalmente avaliando o grau de efetividade do sistema de controles internos e o ambiente de negócios em que seu cliente está inserido.

É requisito essencial para identificar e avaliar o risco de auditoria o auditor considerar o seguinte conjunto de informações:

- a função e o envolvimento da gerência nas atividades da empresa. Em certo sentido consiste na avaliação da capacidade dos dirigentes para tocar o negócio: competência individual aliada à capacidade de trabalhar em equipe;
- a estrutura organizacional, métodos de administração, limites de autoridade e responsabilidade, existência de código de conduta e de área de *compliance*;
- as políticas de pessoal e níveis de segregação de funções;
- a fixação, pela gerência, de normas para inventário, conciliação de contas e elaboração de demonstrações contábeis;
- as normas e procedimentos para implantações, modificações e acesso aos sistemas informatizados de processamento das transações;
- o sistema de aprovação e de registro de transações;
- as limitações de acesso físico a ativos, aos registros contábeis e aos relatórios gerenciais utilizados pelos gestores;
- as informações prestadas por auditores independentes anteriores com respeito a eventuais disputas e questões controversas não resolvidas;
- o resultado de procedimentos de revisão analítica, que será melhor detalhado em tópico próprio, mais à frente;
- leitura de publicações de onde se possam colher notícias a respeito da empresa, do segmento econômico em que ela está inserida e dos dirigentes.

Para concluir o tópico relacionado à avaliação de riscos por parte do auditor independente, vamos disponibilizar a seguir uma espécie de glossário de termos utilizados nessa avaliação.

- *Risco de auditoria.* É a possibilidade de o auditor vir a emitir uma opinião tecnicamente inapropriada sobre demonstrações contábeis significativamente incorretas. Representa a combinação do risco inerente, do risco de controle e do risco de detecção.
- *Risco de controle.* É o risco de que o sistema de controles internos deixe de evitar ou de detectar erros e irregularidades relevantes nas demonstrações contábeis.
- *Risco de detecção.* É o risco de que os procedimentos técnicos de auditoria não detectem, nas demonstrações contábeis, erros e irregularidades relevantes que fariam com que o auditor independente modificasse sua opinião.
- *Risco inerente.* É a possibilidade de que um saldo de determinada conta ou determinado tipo de transação contenha erros relevantes não detectados pelo sistema de controles internos e também pelo auditor.
- *Risco de negócio.* É a probabilidade de eventos, ações ou ausência delas resultarem na não realização de objetivos-chave de negócios que responderiam apropriadamente e atenderiam às necessidades-chave e expectativas e outras condições significativas ambientais e de mercado. É o risco de descontinuidade das operações em decorrência de atos da gestão, condições de mercado ou a combinação das duas.

Procedimentos técnicos de auditoria

A expectativa que se tem do trabalho do auditor é que este exerça julgamento acerca da fidedignidade das demonstrações, tendo como quadro de referência os princípios de contabilidade. Entretanto, pouca noção se tem da forma de atuação do auditor ao exercer seu julgamento. O julgamento do auditor é o resultado de exames próprios conduzidos em atendimento a dois aspectos importantes: (1) os procedimentos técnicos de auditoria propriamente ditos para a coleta e a avaliação de evidências ou provas e (2) as normas e procedimentos de auditoria estabelecidos pela legislação profissional.

As evidências de auditoria constituem-se de informações, dados, observações e fatos passíveis de comprovação e avaliação, suficientes para influenciar o auditor quanto à veracidade em si. A questão que resta é determinar a quantidade satisfatória dessas evidências. A quantidade é naturalmente variável, dependente de uma série de fatores em que a qualidade do sistema de controles internos é chave. Outros fatores também são levados em consideração pelo auditor ao determinar a quantidade de evidências que ele considera necessária para seu julgamento, como a complexidade do negócio, o grau de informatização do processo de elaboração das demonstrações contábeis e a dispersão geográfica da empresa. Não custa enfatizar que a determinação da quantidade de evidências é responsabilidade exclusiva do auditor.

Classificação das evidências de auditoria

Durante o processo de formação da sua opinião, o auditor independente vai recolhendo evidências acerca da fidedignidade das demonstrações contábeis. Como dito, demonstrações contábeis fidedignas são aquelas elaboradas e divulgadas em atendimento aos princípios de contabilidade.

Para fins puramente didáticos os auditores classificam as evidências em dois grupos distintos: (i) evidências quanto a sua finalidade e (ii) evidências quanto a sua natureza.

Evidências quanto a sua finalidade

O auditor precisa, para formar sua opinião, apenas coletar evidências divididas em três categorias distintas: (1) evidências sobre a continuidade operacional da empresa, (2) evidências sobre a efetividade do sistema de controles internos e (3) evidências básicas de auditoria. Vejamos, a seguir, cada uma delas.

EVIDÊNCIAS SOBRE A CONTINUIDADE OPERACIONAL DA EMPRESA

As empresas são entidades criadas para satisfazer determinada necessidade por prazo indeterminado, salvo previsão em contrário devidamente estatuída em seu instrumento de constituição, como no caso de consórcios formados para obras de engenharia de grande vulto. Esse prazo indeterminado de duração, que também se pode chamar de continuidade operacional, é a justificativa técnica utilizada pelos contadores para considerarem as aplicações em bens que produzem receitas como ativos e não como despesas. Como esses ativos vão produzir benefícios por mais de um exercício, o preço de aquisição comporá o custo dos bens ou serviços produzidos por meio de uma parcela razoável de depreciação, por sua vez calculada tendo em vista a vida útil do bem adquirido. Caso a empresa não seja constituída para durar mais do que um exercício, todos os bens adquiridos devem ser registrados como despesas e não capitalizados como ativo.

Cabe ao auditor julgar se a empresa reúne as condições necessárias à perpetuidade de suas operações. O auditor precisa averiguar se ela tem capacidade de continuar proporcionando aos investidores os benefícios esperados, pagando suas dívidas, distribuindo lucros e investindo em seu progresso operacional. Em caso de interrupção da continuidade normal da empresa, as demonstrações contábeis não podem ser elaboradas na forma tradicional que privilegia o custo como base de valor. Em sendo a liquidação da empresa iminente, os ativos devem ser reconhecidos pelo seu valor de realização, as penalidades por quebra de contratos serão acrescidas aos respectivos passivos, de sorte que o patrimônio líquido reflita o valor contábil – positivo ou negativo – que será partilhado entre os proprietários.

Para avaliar a condição de continuidade da empresa, o auditor precisa se concentrar na obtenção de evidências sobre o ambiente de negócios e em que condições a empresa opera. Comumente, os auditores se referem à continuidade com seu correspondente na língua inglesa, *going concern*, tema de fundamental importância para o auditor, para o mercado financeiro e para todos aqueles interessados nas demonstrações contábeis divulgadas pela empresa. Concluir sobre a continuidade do seu cliente é uma tarefa por vezes árdua para o auditor.

Com o objetivo de ampliar o grau de entendimento acerca da complexidade com que o auditor se depara ao julgar a continuidade operacional do seu cliente, listamos a seguir algumas condições que, por exemplo, podem influenciar ou afetar a sobrevivência da empresa:

- descumprimento da legislação a que a empresa está sujeita. Descumprimento de lei ambiental;
- prazo de duração de patentes e direitos de uso de marca. Prazo de exaustão de fonte de matéria-prima básica. Perda de cliente importante. Afastamento de administrador qualificado;
- situação econômica estrutural;
- ambiente político adverso. Alteração súbita das condições de mercado.

Em certas condições, as evidências sobre a continuidade operacional da empresa não são fáceis de obter, e elas variam de empresa para empresa. É fortemente aconselhável ao auditor uma verificação minuciosa e atenta da atividade desenvolvida pela empresa como primeira providência, a fim de estabelecer razoável segurança sobre quais as evidências de que ele necessitará para avaliar o *going concern* do seu cliente.

Evidências sobre a efetividade do sistema de controles internos

Os auditores reconhecem que grande parte da fidedignidade das demonstrações contábeis é assegurada pela qualidade, no sentido de eficácia, do sistema de controles internos que a empresa desenhou e implementou. Esse mesmo sistema ou conjunto de métodos e processos cria as condições para que todas as transações realizadas sejam registradas na contabilidade, de modo que possam ser identificadas desde sua origem até seu reflexo no patrimônio da empresa, formando uma eficiente trilha ou pista de auditoria. Ao longo dos exames que o auditor realiza sobre o funcionamento do sistema de controles internos, ele vai recolhendo evidências quanto a sua eficácia ao mesmo tempo em que começa a formar sua convicção quanto à fidedignidade das demonstrações sobre as quais, enfim, irá opinar. As evidências colhidas sobre o sistema de controles internos permitem também ao auditor determinar a quantidade de transações que ele julga necessário examinar atentamente para emitir a esperada opinião sobre as demonstrações, sendo esse, em síntese, o objetivo primordial do seu trabalho.

Evidências básicas de auditoria

As demonstrações contábeis em si representam uma declaração formal dos administradores da empresa quanto aos reflexos das transações realizadas em determinado lapso de tempo – mês, trimestre, exercício – e, por consequência, sobre a posição patrimonial e situação financeira da empresa em dado momento: ao final de um mês, ao final de trimestre, no encerramento do exercício. Em uma forma mais acadêmica, essa declaração dos administradores é tratada como um conjunto de afirmações.

Cabe ao auditor independente julgar a veracidade desse conjunto de afirmações como a essência do seu trabalho. Isso expõe imediatamente duas questões básicas: (1) o auditor tem de se assegurar de que todas as transações realizadas foram registradas de acordo com os princípios de contabilidade aplicáveis e (2) também tem que se assegurar de que as transações realizadas são legítimas, documentadas apropriadamente e valorizadas corretamente. As evidências que o auditor busca podem ser de natureza documental, circunstancial ou até mesmo fruto de sua constatação pessoal.

A principal utilidade das evidências básicas é fornecer ao auditor comprovação real e substantiva de que as representações contidas nas demonstrações contábeis, saldo das contas, são verdadeiras.

Evidências quanto a sua natureza

O principal esforço do auditor está concentrado na busca de evidências que possam satisfazê-lo quanto à veracidade das informações que formam o conjunto das demonstrações contábeis que serão o objeto de seu parecer. Veracidade entendida sempre no sentido de fidedignidade, o atendimento rigoroso aos princípios de contabilidade.

Descrevemos os três tipos de evidências quanto às características de cada uma, de modo a facilitar o entendimento da necessidade de buscar aquelas provas. Como é responsabilidade primária da administração da empresa elaborar e divulgar demonstrações contábeis fidedignas, é igualmente responsabilidade da administração prover evidências suficientes e apropriadas a respeito das afirmações contidas nessas demonstrações contábeis, como visto no que diz respeito às evidências básicas.

As provas, evidências e comprovações fornecidas pela administração da empresa formam o conjunto de evidências quanto à sua natureza.

No decorrer do processo de obtenção de evidências o auditor poderá encontrar os seguintes tipos de provas, que servem para validar os registros contábeis:

- constatação da existência física de bens, pessoalmente, pelo auditor;
- declaração de fontes consultadas, verbal ou formalmente escrita;
- documentos que comprovem a legitimidade das transações, elaborados internamente, ou preparados por fonte externa à empresa;
- procedimentos de controles internos utilizados pela empresa.

Uma leitura da lista aqui apresentada possibilita concluir pela existência de diferentes graus de dificuldade de obtenção das evidências necessárias. Por suas características, o grau de convicção varia de uma evidência para outra. Ao repetir, por exemplo, o cálculo de uma transação, o auditor se satisfaz pela correção aritmética dos dados, mas não obtém, por outro lado, prova de que se trata de uma operação legítima, normal. Assim, uma prova isolada pode não ser conclusiva.

Detalhamento dos procedimentos técnicos de auditoria

Para colher as evidências que lhe proporcionem atestar a fidedignidade das demonstrações contábeis, o auditor emprega vários métodos, chamados de procedimentos técnicos de auditoria. Alguns auditores preferem se referir a esse conjunto de procedimentos como "técnicas básicas de auditoria".

Procedimentos técnicos de auditoria são o conjunto de investigações empregadas pelo auditor para reunir aquelas evidências citadas anteriormente. Os procedimentos técnicos não são provas em si; eles são os meios que proporcionam a obtenção das provas necessárias para o auditor emitir uma opinião tecnicamente bem fundamentada.

Os procedimentos técnicos básicos são os seguintes:

- exame e contagem física;
- circularização;
- conferência aritmética;
- inspeção de documentos;
- averiguação;
- correlação;
- procedimentos de revisão analítica;
- procedimentos de revisão do sistema de controles internos;
- análise de acontecimentos posteriores ao encerramento do balanço;
- observância – inspeção visual.

A discussão sobre os procedimentos técnicos de auditoria relaciona-se com o processo de obtenção de evidências, e, portanto, vamos ressaltar características peculiares e precauções a observar quando da sua aplicação. Vejamos a seguir.

Exame e contagem física

O auditor examina pessoalmente o bem, constatando sua existência. Estabelecendo contato visual com o bem, o auditor se certifica de que este é realmente o que se pretende que seja e que sua existência é efetiva. Subsidiariamente, outras constatações também são possíveis. Ao ver o bem, o auditor avalia sua condição de uso, ou seja, se realmente está produzindo a utilidade prevista e se está bem conservado. Esse procedimento técnico permite ao auditor, igualmente, conferir quantidades declaradas.

Dessa forma, o exame físico compreende contagem, identificação, verificação de pleno uso e qualidade do bem. A efetividade da aplicação desse procedimento é limitada a bens corpóreos ou que possam ser o objeto de qualquer prova tangível de sua existência. Sua utilidade abrange a coleta de evidências sobre os bens integrantes do ativo permanente, estoques, numerário em mãos, títulos negociáveis não escriturais e outros valores mobiliários guardados na empresa. É um procedimento obrigatório nos casos em que sua aplicação seja possível.

Em resumo, os objetivos do exame e contagem física de bens são os seguintes: (1) comprovar a efetiva existência dos bens, (2) avaliar a condição de utilização dos bens existentes e (3) conferir as quantidades declaradas.

Circularização

A circularização consiste na obtenção, pelo auditor, de uma declaração escrita, emitida por fontes externas capacitadas para tanto. O documento com a declaração deve seguir diretamente para o auditor, sem interferência da empresa auditada. O pedido de informações à fonte externa deve ser preparado por funcionário da empresa, com atenta supervisão do auditor. Isso se justifica em face do relacionamento da empresa com a fonte externa. Esse tipo de procedimento técnico permite reunir evidências sobre a fidedignidade dos saldos das contas a receber e a pagar, saldos bancários, contas de emprestimos, estoques em poder de terceiros, passivos contingentes, coberturas de seguros e credores em geral. É também um procedimento obrigatório nos casos em que sua aplicação seja possível.

Para assegurar a eficácia da circularização, alguns cuidados são necessários:

- o auditor seleciona os saldos sobre os quais julga necessário obter confirmação. São usados formulários criados pelo auditor para os pedidos de confirmação sobre contas a receber, a pagar, saldos bancários e outros saldos comumente circularizados. O cliente prepara as cartas com o pedido de confirmação, assina e as devolve ao auditor, para aprovação final. O auditor confere o nome da fonte externa, endereço, valores e outros detalhes, de forma a evitar qualquer problema que possa provocar resposta incorreta;
- o auditor coloca o pedido de confirmação no envelope com os dados do destinatário, tendo o cuidado de indicar seu endereço como remetente, para a eventualidade de devolução por incorreção de endereço ou nome da fonte consultada. O auditor também põe a correspondência no correio, tarefa essa que não pode ser deixada por conta do cliente;
- o auditor deve anexar ao pedido de confirmação um envelope de porte pago, contendo seu nome e endereço, para assegurar que a resposta seja enviada diretamente ao seu escritório, sem qualquer interceptação;
- ao receber as respostas, o auditor concilia as informações assim obtidas com os registros contábeis do cliente, analisando minuciosamente qualquer discrepância;
- a falta de resposta pode ensejar a repetição do pedido. Persistindo o fato, o auditor, após autorização do cliente, pode dirigir-se pessoalmente à fonte externa, a fim de obter a confirmação desejada;

- os pedidos de confirmação de contas do ativo indicam quase sempre o valor do saldo na data desejada, de acordo com os registros do cliente, e sua composição, solicitando-se à fonte externa confirmação para esses dados. As circularizações de contas passivas não devem trazer indicação do valor devido conforme os livros, ou a natureza do débito, solicitando-se à fonte externa que preste esse tipo de informação.

As respostas aos pedidos de confirmação normalmente são remetidas por correio, podendo ser aceitas via fax, caso cada vez mais raro e com nítida tendência ao desaparecimento. Muito se tem discutido se o auditor pode aceitar respostas via correio eletrônico – *e-mail.* A resposta é "depende". Depende da possibilidade de o auditor se certificar da origem da mensagem, isto é, de ser possível ao auditor confirmar o *IP* (*internet protocol*) ou identidade do computador, e se a resposta veio de fonte autorizada. O auditor vai sempre preferir receber resposta aos seus pedidos de informações externas pelo meio mais tradicional, mas pode ser flexível a seu critério. WhatsApp? SMS? Pouco provável. Novamente aqui caberá ao auditor avaliar e decidir se aceita ou não.

O auditor dispõe de dois tipos diferentes de circularização: (1) circularização positiva e (2) circularização negativa.

Circularização positiva é aquela na qual o auditor sempre espera receber uma resposta, confirmando, ou não, o saldo ou posição demonstrada. É empregada nas cartas aos advogados da empresa indagando sobre eventuais ações em andamento às companhias de seguro, para avaliar a suficiência da cobertura contratada, na coleta de evidências sobre contas do ativo compostas por poucos itens, mas de valor individual relevante, e contas do passivo.

A circularização negativa somente prevê resposta em caso de discordância da fonte externa em relação ao saldo ou posição informada. É utilizada para testar a eficiência do sistema de controles internos da seção de crédito e cobrança e para contas do ativo compostas por muitos itens, mas de pequeno valor individual. A eficácia desse tipo de circularização depende da qualidade dos serviços locais de correios. Ela está em franco desuso por duas razões principais: (1) a falta da resposta pode ser devido à não compreensão, por parte do destinatário, do que está escrito no pedido e (2) o elevado custo de postagem.

Em suma:

- circularização positiva para coletar evidências sobre contas compostas por poucos itens, porém de valor individual relevante;
- circularização negativa para coletar evidências sobre contas compostas por muitos itens, porém de pequeno valor individual – crediário, empréstimos consignados – e também para testar o funcionamento dos controles internos.

Conferência aritmética

Em suas verificações, o auditor se depara com várias situações em que a precisão aritmética é decisiva para legitimar o tipo de evidência. Embora pareça simples, e realmente o é, esse tipo de evidência traz importante contribuição para o processo de formação da opinião do auditor. Um mero erro de adição afeta, invariavelmente, duas ou mais contas e, não raro, serve para encobrir uma tentativa de fraude nas demonstrações contábeis. Por experiência, podemos afirmar que há certa abundância de casos em que há falta de correção aritmética, sobretudo quando o registro contábil está apoiado em cálculos processados em planilhas eletrônicas complexas.

Inspeção de documentos

Inspeção é o procedimento que o auditor utiliza para examinar a comprovação documental das transações. Basicamente, as transações entre empresas e pessoas envolvem algum tipo de documento que traz os detalhes sobre o que foi feito e que consequências são esperadas do fato.

Uma transação, em verdade, se origina quase sempre de um documento. A inspeção compreende a verificação da legitimidade do documento em primeiro lugar e, consequentemente, da transação. É quando o auditor confirma se a transação foi autorizada, o que pode ser constatado por assinatura, rubricas da pessoa encarregada ou mesmo chaves eletrônicas, no próprio documento. Por princípio, a documentação comprobatória deve ser genuína, isenta de vícios e processada de acordo com as normas vigentes de controle interno.

Ao realizar esse procedimento técnico, o auditor tem por objetivo verificar:

- se a documentação é genuína, apropriada às circunstâncias, e se está em nome da empresa;
- a correlação entre a data do documento e a data do registro contábil;
- a correta contabilização da transação em contas pertinentes;
- se a transação foi autorizada em conformidade com as normas e procedimentos de controle interno em vigor;
- se a transação está enquadrada nas atividades normais da empresa.

Tendo contato com os documentos, o auditor adquire conhecimento importante sobre os negócios realizados pela empresa, o que lhe permite identificar, com certa antecipação, situações não usuais ou problemáticas. Muitos enganos e irregularidades são descobertos durante a aplicação desse importante método de coleta de evidências.

Averiguação

Embora o auditor seja um profissional experiente, surgem várias dúvidas a respeito de transações e procedimentos de controle, que ele esclarece por meio da formulação de perguntas aos funcionários da empresa cliente. Não pode existir qualquer constrangimento por parte do auditor em fazer perguntas com a alegação de que está demonstrando pouco conhecimento técnico. O procedimento técnico de auditoria "averiguação" consiste, justamente, em fazer perguntas e obter respostas favoráveis à elucidação de certas questões, que podem conduzir a um incremento na profundidade dos exames ou, em sentido oposto, à não realização de determinado teste de auditoria. É, pois, uma ação válida e recomendável fazer perguntas ao pessoal do cliente sobre quaisquer aspectos ou questões acerca dos quais o auditor tenha dúvida ou sobre os quais queira simplesmente confirmar seu pensamento.

A experiência tem indicado que muitas questões importantes são levantadas casualmente durante uma conversa informal com os principais executivos da empresa. Ao almoçar com o diretor financeiro, por exemplo, o auditor poderá tomar conhecimento da intenção da empresa de associar-se a um grupo ou vender uma coligada, ou ainda sobre o novo sistema de informações gerenciais, com ênfase na utilização de computadores. São assuntos nos quais o auditor tem relevante interesse e que podem escapar ao seu treinado senso de observação durante os trabalhos normais de auditoria. Convém notar, entretanto, que as informações obtidas por meio da averiguação não servem, por si sós, como evidências de auditoria.

As informações assim obtidas necessitam de confirmação por meio de outros procedimentos técnicos de auditoria.

Correlação

Conforme o professor Claudio Marcelo, em postagem de 22 de agosto de 2013 em seu *blog* <http://blogdoprofessorclaudiomarcelo.blogspot.com.br/2013/>:

> Não existem dados isolados em um sistema de contabilidade funcionando correta e honestamente. Os dados fornecidos pela contabilidade de forma coerente, inter-relacionados, podem merecer a confiança do auditor. Por exemplo, deve ser praticável fazer conciliação do volume de vendas a prazo com o valor das contas a receber de clientes. O custo das mercadorias vendidas deve guardar razoável relação com os estoques. O auditor procurará essas relações naturais e, não as encontrando, investigará mais profundamente.
>
> Variações periódicas, incremento de um ano para outro, podem justificar a falta de comparabilidade ou o comportamento atípico. Até que o auditor tenha apreciado pormenorizadamente as explicações, o fato em si já é suficiente para despertar-lhe interesse, assim como o comportamento regular e uniforme lhe dá uma boa base para aceitação dos dados gerados pela contabilidade.

Esse procedimento técnico deriva da utilização do método das partidas dobradas para o reconhecimento contábil das transações.

Procedimentos de revisão analítica

Procedimentos de revisão analítica caracterizam-se pela análise das relações possíveis entre dois ou mais dados financeiros e não financeiros das demonstrações contábeis ou de outros registros para investigar tendências, variações esperadas e não esperadas, flutuações inconsistentes com outros dados que diferem substancialmente do valor esperado. Tecnicamente, o procedimento de revisão se utiliza da análise vertical e da análise horizontal das demonstrações contábeis, em especial o balanço patrimonial e a demonstração do resultado do exercício.

É um procedimento técnico de uso obrigatório, extremamente útil ao auditor que o utiliza praticamente em todas as fases do trabalho, seja no planejamento, na aplicação do programa de auditoria para coleta de evidências e na conclusão dos trabalhos para verificar a consistência das demonstrações contábeis. Quando da aplicação de procedimentos de revisão analítica, se o auditor constatar a existência de variações inesperadas, atípicas ou não usuais, será necessário investigar as razões. A investigação deve começar com indagações aos administradores da empresa, cujas respostas precisarão ser confirmadas até que o auditor se satisfaça com relação ao fato constatado.

Resumidamente, o auditor divide a aplicação do procedimento técnico de revisão analítica em três etapas: (1) identificação do que deve ser analisado, (2) cálculos e (3) comparações. Por exemplo:

- comparação de dados absolutos – comparação simples de valor corrente *versus* valor esperado ou previsto, real *versus* orçado;
- análise vertical das demonstrações contábeis – relação percentual entre determinado item e o total relacionado;
- análise horizontal das demonstrações contábeis – variação percentual entre dois intervalos de tempo;
- análise de índices financeiros – liquidez, endividamento, ROI, EVA;

- análise de tendências quando se dispõe de dois ou mais exercícios – relação entre informações contábeis e informações não financeiras relevantes.

Procedimentos de revisão do sistema de controles internos

O principal objetivo desses procedimentos é avaliar o grau de efetividade do sistema de controles internos e, ao mesmo tempo, certificar que as normas, políticas e processos estão sendo aplicados e utilizados conforme previsto. A revisão do sistema de controles internos é um procedimento obrigatório e fundamental para determinar a extensão e a profundidade dos testes de auditoria, bem como o momento mais oportuno para aplicação de outros procedimentos de auditoria. O assunto será melhor detalhado no capítulo 4.

Sumarizando, os objetivos principais do auditor com a revisão dos controles internos são: (1) avaliação preliminar da fidedignidade das demonstrações contábeis e (2) determinar a extensão e a profundidade dos exames (testes) de auditoria.

Análise de acontecimentos posteriores ao encerramento do balanço

As demonstrações contábeis auditadas apresentam uma posição estática da empresa ao final do exercício. Essa posição se modifica ao se iniciar o novo exercício, durante o qual muitos procedimentos de auditoria são conduzidos, quase sempre nos três primeiros meses após o balanço. Dessa forma, o auditor tem a possibilidade de ver o que sucedeu com a posição reportada à luz dos acontecimentos posteriores. É uma oportunidade razoavelmente eficaz para constatar se certos créditos foram realizados como estimado pela direção da empresa ou se o valor contabilizado de uma dívida foi de fato aquele pago no seu vencimento.

Consiste em analisar pagamentos e recebimentos ocorridos após o encerramento do exercício a que se referem as demonstrações contábeis auditadas. Normalmente, o auditor percorre a documentação dos meses subsequentes – janeiro, fevereiro e março. Auditores mais seniores chamam esse procedimento de *cash vouching*.

Observância – inspeção visual

O próprio nome já indica o que significa esse singelo procedimento técnico de auditoria. O auditor percorre as instalações da empresa auditada observando as condições ambientais: matérias-primas estocadas, produtos fabricados e em fabricação, mercadorias para revenda, estado geral das edificações, clima organizacional. Enfim, é um procedimento coadjuvante de coleta de evidências e que, sozinho, não produz prova contundente.

Testes de auditoria

Durante todas as fases do trabalho de auditoria, o auditor se dedica a obter as evidências necessárias à formulação de sua opinião independente sobre a fidelidade das demonstrações contábeis em exame. Assim procede aplicando certos testes que lhe proporcionam alcançar seus objetivos. Dois são os tipos de testes de auditoria normalmente aplicados: (1) *testes substantivos* e (2) *testes de conformidade*.

Testes substantivos

A opinião do auditor concentra-se nos valores expressos nas demonstrações contábeis, o que pode sugerir que os procedimentos de auditoria se destinam exclusivamente a conferir os saldos das contas. Vale repetir que o auditor vai muito além de simplesmente conferir saldos. Mas ele, de fato, confere os saldos para obter as evidências básicas sobre as quais tratamos no tópico relativo às evidências necessárias à formulação da opinião do auditor.

É nesse sentido, conferir saldos, que o auditor realiza os testes substantivos, cuja principal função, então, é verificar se os saldos que aparecem nas demonstrações contábeis estão corretos. Por exemplo, o auditor confirma com o banco o saldo disponível ao final do exercício ou inspeciona os documentos que comprovam o total de vendas realizadas durante o ano. O primeiro procedimento refere-se aos saldos presentes no balanço patrimonial, e o último, aos saldos da demonstração do resultado do exercício.

Testes de conformidade

Para entender o funcionamento do sistema de controles internos da empresa auditada, o auditor entrevista os funcionários colhendo informações acerca de como as transações são processadas. Após obter esse entendimento, é necessário: (1) verificar se o sistema funciona consistentemente, conforme descrito pelos funcionários da empresa e (2) determinar a natureza e a quantidade de erros que possam ter ocorrido na aplicação dos procedimentos de controle previstos no sistema. Ambos os objetivos citados se referem à efetividade do sistema de controles internos, sendo esse, então, o escopo dos testes de conformidade.

Executando a primeira etapa dos testes de conformidade, o auditor avalia se o sistema está funcionando conforme descrito. Isso pode acontecer por meio de uma inspeção de documentos e observação de como certas tarefas são executadas. Por exemplo: os procedimentos de controle do cliente podem requerer que todos os pedidos de compras devam ser assinados por determinado funcionário categorizado, antes que o suprimento seja providenciado com o fornecedor. Para conferir se esse procedimento está sendo cumprido corretamente, o auditor poderá testar várias compras durante o período em exame, constatando se elas foram realizadas mediante a emissão de um pedido de compras assinado previamente pela pessoa autorizada. Por outro lado, certas características do sistema de controles internos não podem ser validadas somente por meio de uma inspeção, pois parte desse sistema pode ser baseada na segregação de funções. Por exemplo, os recebimentos por caixa podem ser depositados em banco pelo próprio tesoureiro, enquanto a única responsabilidade do funcionário que controla as contas a receber é atualizar os registros com base em relatórios preparados por outras fontes. Mediante a combinação de observação e averiguação, o auditor determina se as duas tarefas estão sendo executadas por diferentes pessoas.

Há uma superposição entre os testes de transações, considerados como parte dos testes de conformidade, e os testes substantivos. Isso pode ser constatado, por exemplo, quando o auditor decide, durante o teste de transações, selecionar faturas para exame. A fatura pode ser testada quanto à autorização para sua emissão, correção matemática, apropriação contábil na conta devida. Esses procedimentos naturalmente validam parte do saldo da conta que registra as vendas e parte do saldo das contas a receber, se o valor não tiver sido cobrado até o final do exercício.

Ambientes contábeis informatizados

Praticamente todas as empresas no mundo moderno dependem da tecnologia da informação para processar, registrar e controlar suas transações diárias. Quanto maior a empresa, quanto mais complexa a atividade econômica, maior a dependência em relação aos sistemas informatizados. Para dar conta do crescente volume de dados, existem *softwares* de gestão contábil integrada, os *enterprise resource planning* (ERPs), que são *softwares* que integram todos os dados e processos da empresa em um único sistema. Essencialmente, é um sistema de gestão integrando todos os departamentos, facilitando a consulta e o acompanhamento das diversas atividades. Cada usuário é o responsável por alimentar o sistema de modo a evitar o retrabalho. Por exemplo, quando ocorre a venda de um produto, é o próprio vendedor que aciona todas as informações que derivam dessa venda: atualiza o estoque, calcula o custo, a comissão, os impostos incidentes, o contas a receber se a venda for a prazo, atualiza as disponibilidades se a compra for à vista, tudo simultaneamente. É uma economia extraordinária de tempo e dinheiro com mínima possibilidade de erro.

A utilização desses *softwares* de gestão contábil pode reforçar o sistema de controles internos ao agregar novos procedimentos totalmente automatizados em substituição a controles manuais, consequentemente minimizando a ocorrência de erros e dificultando fraudes. Há que se chamar atenção, porém, para o fato de que a nova tecnologia traz riscos emergentes que devem ser identificados, mensurados e mitigados com a implantação de controles próprios ao ambiente tecnológico. Não se pode ter a ilusão de que a automação das transações elimina a necessidade de controles e de atenção.

Os auditores devem compreender, avaliar o desenho e testar a eficácia dos controles internos computadorizados antes de concluir que as informações e as evidências geradas pela tecnologia são confiáveis. Diante desse cenário, seja pela complexidade, pelo grande volume de transações ou pela variedade de tecnologias existentes, já não é mais possível coletar evidências de auditoria manualmente. O auditor enfrenta novos desafios para realizar seu trabalho em um ambiente no qual os documentos quase sempre são virtuais, estão na rede corporativa ou em nuvens e não disponíveis fisicamente. A resposta aos desafios é também automatizar a auditoria, na verdade, automatizar o processo de coleta de evidências aproveitando a ampla gama de vantagens que a tecnologia proporciona.

Softwares de automação da auditoria

Os *softwares* de gestão contábil integrada registram todas as informações e movimentações ocorridas na empresa com a evolução completa de cada negócio desde o início. A rigor, todos os dados e informações de que o auditor necessita para seu trabalho estão arquivados eletronicamente no programa de gestão contábil que a empresa usa. A questão é como extrair justamente o que o auditor necessita no meio de um volume expressivo de dados e informações. É aqui que entram os *softwares* de automação da auditoria que nada mais são do que extratores de dados para possibilitar a aplicação de procedimentos técnicos de auditoria informatizados.

Não estamos falando da auditoria de sistemas, que é outra coisa. Estamos falando de fazer auditoria em ambiente informatizado usando ferramentas eletrônicas, para o que o auditor se utiliza de *softwares* especialmente desenvolvidos para essa tarefa. Atualmente, existem três categorias de *softwares* largamente usados pelo auditor: (1) *softwares* para extração de dados, (2) aplicativos criados pelo próprio auditor para manipular os dados extraídos eletronicamente e (3) pacotes comercializados para edição de texto, planilha eletrônica e banco de dados.

Audit Command Language *(ACL) e* Interactive Data Extraction & Analysis *(Idea)*

ACL e Idea são os *softwares* de extração de dados mais usados no mundo pelos auditores, tanto internos quanto independentes. São fáceis de usar, custam bem caro e extraem dados de qualquer programa, banco de dados, aplicativos ou sistema operacional. Não maculam os dados do cliente nem transportam vírus. Analisam dados interativamente com resultados imediatos e, ao mesmo tempo, investigam exceções e duplicidades.

Aproveitam de forma admirável a capacidade de leitura de arquivos de tamanho ilimitado e a velocidade de processar rapidamente milhões de transações, assegurando 100% de cobertura e a máxima confiabilidade em seus resultados. O auditor indica como quer que os dados sejam extraídos e o *software* cuida do resto.

Aplicativos criados pelo auditor

Com o banco de dados do cliente baixado em seu computador com o ACL ou com o Idea, o auditor precisa coletar as evidências necessárias ao seu trabalho e, para tanto, ele mesmo cria aplicativos com finalidades específicas, os chamados *computer assisted audit technics* (Caats), isto é, procedimentos técnicos de auditoria auxiliados por computador.

Além de benefícios abrangentes, já que não há limites para utilização de Caats, os procedimentos técnicos de auditoria automatizados são mais rápidos, eficientes e com custos de execução muito baixos; isso sem falar na segurança proporcionada ao auditor.

Pacotes comerciais para automação de tarefas

Aqui entra em cena o pacote Office com o processador de textos Word, a planilha eletrônica Excel, a agenda eletrônica e comunicação Outlook, o banco de dados Access e, mais recentemente, um bloco de notas e arquivo de qualquer mídia OneNote. Desnecessário explicar o funcionamento desses programas que são do conhecimento de todos.

Programa de auditoria

Programa de auditoria, como vimos, é parte integrante do planejamento da auditoria e consiste em uma relação de procedimentos técnicos que o auditor executará para coletar as evidências que ele julga indispensáveis para ter condição de expressar sua opinião independente e bem fundamentada sobre a fidedignidade das demonstrações contábeis.

O programa de auditoria especifica, em detalhes, o trabalho a ser executado, a época mais apropriada para a realização de certos procedimentos, a extensão e a profundidade dos exames e outras informações que ajudem o auditor a concluir satisfatoriamente seu trabalho, tudo com qualidade, tempestividade e custo conveniente em consonância com o que o cliente espera e a legislação profissional requer.

O primeiro passo para elaborar o programa de auditoria eficaz é definir claramente os objetivos do trabalho e, a partir de então, determinar os procedimentos técnicos para cada conta integrante das demonstrações contábeis. É importante realçar que, ao estabelecer objetivos bem definidos, o auditor evitará excesso desnecessário de trabalho que, com certeza absoluta, não contribuirá para seu êxito.

Para relembrar, o auditor é um persistente coletor de evidências com o intuito de verificar se a transação realizada foi apropriadamente contabilizada e está refletida nas demonstrações contábeis como devido. Em síntese, o auditor busca saber se: (1) a conta escolhida para registro é apropriada para refletir o efeito da transação nas demonstrações contábeis, (2) o valor da transação é aquele que deveria ser e (3) a documentação comprobatória é pertinente ao tipo de transação.

Após estabelecer o mais amplamente possível os objetivos da auditoria, o próximo passo é eleger os procedimentos técnicos entre aqueles já listados e discutidos em parágrafos precedentes. Ao eleger os procedimentos que o auditor considera necessários é levada em consideração a característica de cada conta que integra as demonstrações contábeis. Não se pode perder de vista que não existe programa de auditoria padronizado, de aplicação generalizada, que sirva para qualquer tipo de empresa. A natureza das contas e sua relevância em relação às demonstrações contábeis variam de empresa para empresa, conforme o segmento econômico, e da existência de órgãos reguladores e de fiscalização.

Para deixar ainda mais clara a abordagem da auditoria, reafirmamos que a extensão e a profundidade dos exames de auditoria, da aplicação dos procedimentos técnicos dependem fundamentalmente, e em razão inversamente proporcional, da eficácia do sistema de controles internos. Por essa aparentemente singela razão, o auditor sempre vai iniciar a auditoria avaliando os controles internos, como veremos mais à frente, no capítulo 4.

Etapas para execução do programa de auditoria

Para atingir o máximo de eficiência em seu trabalho e com o menor custo de execução, o auditor divide o programa de auditoria em três etapas distintas, chamadas de *visitas de auditoria*. Cada visita – trabalho de campo nas dependências do cliente – tem sua finalidade específica e época própria para realização na empresa auditada. As visitas de auditoria são as seguintes: (1) *visita de ínterim*, (2) *visita preliminar* ou *de pré-balanço* e (3) *visita final* ou *conclusões globais de auditoria*.

Visita de ínterim

É a primeira visita do auditor com o objetivo de aplicar os procedimentos técnicos para coleta de evidências. Essa visita se inicia logo após a conclusão de todas as providências referentes ao encerramento do balanço do exercício anterior – publicação de editais, atas e das próprias demonstrações contábeis – e início das conciliações de contas que refletem as transações do novo exercício. Na linha do tempo e considerando uma empresa que encerra o exercício social em 31 de dezembro, a visita de ínterim poderia ser realizada entre os meses de maio e agosto. Pode ser realizada de surpresa, sem agendamento prévio, mas isso está em desuso.

O principal objetivo dessa visita é planejar a abordagem de auditoria para o exercício que se inicia e, para tanto, a avaliação do sistema de controles internos é o foco principal, já que é com base nessa avaliação que o auditor determina a extensão, profundidade e oportunidade dos procedimentos técnicos de auditoria. O auditor executa o maior volume possível de testes nessa visita, consumindo em torno de 60% das horas totais previstas para a realização de toda a auditoria anual, quando executa os seguintes procedimentos técnicos de auditoria:

- avaliação e teste do sistema de controles internos;
- teste de transações – receitas, despesas, custeio da produção;

- teste da folha de pagamentos e encargos – pode incluir conferência de bônus da diretoria a pedido do cliente;
- teste de conformidade com a legislação fiscal;
- teste das conciliações bancárias e rendimentos de aplicações financeiras;
- resumo das atas de assembleias de acionistas, de reuniões do conselho de administração, da diretoria, do conselho fiscal e de comitês específicos, que contenham assuntos que possam afetar as demonstrações contábeis;
- atualização da pasta permanente, como trataremos no capítulo 4.

Visita preliminar

É a segunda visita de auditoria, também conhecida como *visita de pré-balanço*, por ser realizada em data próxima ao encerramento do exercício. É necessário agendar previamente a visita, que poderá ocorrer entre os meses de outubro e dezembro para a maioria das empresas que encerram seu exercício coincidentemente com o fim do ano civil.

Os principais objetivos dessa visita, que consome aproximadamente 10% das horas totais de auditoria, são: (1) preparação e envio de carta de circularização, (2) acompanhamento de inventários, (3) discussão de assuntos controversos e (4) preparação dos papéis de trabalho para validação de saldos das contas que comporão as demonstrações contábeis do exercício.

Visita final

É a derradeira visita de auditoria representando os instantes finais do processo de coleta de evidências e de avaliação da fidedignidade das demonstrações contábeis. Tem início logo que estejam fechadas preliminarmente as peças a serem auditadas, e o principal objetivo é concluir os trabalhos de auditoria de forma a possibilitar a emissão do relatório de auditoria contendo a opinião do auditor. É altamente recomendável que essa visita seja iniciada em data a mais próxima do encerramento do exercício, a fim de minimizar o risco potencial da ocorrência de eventos subsequentes não detectados. O capítulo 4 conterá mais detalhes sobre esses eventos.

Basicamente, o auditor realiza os seguintes procedimentos de auditoria durante a visita final:

- reconciliação bancária para o último mês do exercício;
- conciliação das respostas aos pedidos de confirmações;
- teste dos resultados dos inventários físicos acompanhados na visita anterior;
- testes substantivos dos saldos finais do balanço;
- conclusões globais de auditoria: conjunto de demonstrações contábeis, notas explicativas e relatório da administração, se houver;
- discussão preliminar do relatório de controles internos, como veremos no capítulo 4;
- discussão preliminar do relatório de auditoria contendo a opinião do auditor a respeito da fidedignidade das demonstrações contábeis;
- emissão do relatório de auditoria representando o encerramento dos trabalhos de auditoria.

Atualmente, essas etapas não são muito visíveis pelas grandes empresas auditadas em decorrência do volume crescente de trabalho, complexidade dos negócios, globalização e requerimentos dos órgãos de fiscalização, como a CVM, o Bacen e a Susep, fazendo com que o auditor permaneça praticamente o ano todo no trabalho de campo. O trabalho continua sendo dividido em etapas ao longo do ano, mas não se percebe isso tão claramente como no passado recente.

O quadro 4 apresenta um exemplo de programa de auditoria para a auditoria de contas a receber.

Quadro 4

Exemplo prático de programa de auditoria: contas a receber

	Atividade	Rubrica/data	Horas gastas
01	Preparar os papéis de trabalho (PT): • auxiliares: controle das circularizações e bases para sua seleção; conciliação das circularizações com os registros contábeis; • complementares – preparados pelo cliente – tais como: relação de clientes em aberto, composição de saldos de adiantamentos e outros necessários.		
02	Anexar, como PT complementar, detalhes dos relatórios e programas preparados pelos auditores internos sobre contas a receber.		
03	Com base na avaliação do controle interno, selecionar período ou determinado número de notas fiscais de saída para exame.		
04	Conferir as notas fiscais selecionadas com os respectivos pedidos de compras.		
05	Conferir somas e cálculos das notas fiscais selecionadas.		
06	Conferir os preços de venda nas notas fiscais com tabelas ou listas de preços.		
07	Conferir se descontos ou abatimentos foram concedidos com base na política da empresa.		
08	Verificar se as notas fiscais foram emitidas em atendimento aos requisitos da legislação tributária.		
09	Verificar se o crédito concedido aos clientes obedece aos limites autorizados.		
10	Verificar a efetiva entrega da mercadoria aos clientes.		
11	Verificar se as notas fiscais foram registradas nos livros obrigatórios.		
12	Conferir as baixas no estoque das mercadorias vendidas, comparando a data da baixa com a data da nota fiscal.		

▼

▼

13	Conferir o valor atribuído ao custeio da venda.		
14	Conferir as notas fiscais selecionadas com faturas, duplicatas ou boletos.		
15	Conferir a contabilização das notas fiscais.		
16	Por ocasião do acompanhamento do inventário físico, verificar se todas as vendas contabilizadas até a data do inventário correspondem efetivamente a todas as mercadorias já fisicamente retiradas na data da contagem.		
17	Fazer leitura dos lançamentos em contas a receber investigando item que pareça anormal.		

Fraudes e erros

Fraude é um ato intencional de má-fé, criminoso e deliberado, praticado com o objetivo de obter vantagem financeira indevida, causando prejuízos à empresa. É um assunto importante, que se estima causar prejuízos de aproximadamente 5% das receitas totais da maioria das empresas e vem crescendo assustadoramente. Precisa ser combatida com determinação.

Erro é um ato não intencional que deriva de vários fatores inocentes, como a falta de qualificação do pessoal, desídia, preguiça, enfim, sem dolo ou intenção de causar prejuízo financeiro à empresa. Estabelecida a distinção entre fraude e erro, iremos nos ocupar doravante daquilo que realmente é um fator de preocupação: a fraude corporativa, e como o auditor deve enfrentá-la.

A fraude envolve apropriações intencionais de fundos ou ativos da empresa, a distorção intencional de saldos de certas contas para gerar a percepção de que a empresa está indo melhor do que na realidade, passando pela utilização maldosa de informações confidenciais privilegiadas com o intuito de usufruir de benefícios indevidos. O denominador comum em toda fraude é a intenção deliberada de enganar. A intenção é o que distingue a fraude do erro não intencional. Para caracterizar a fraude são necessários dois elementos essenciais:

- identificação do fraudador, do valor subtraído, da data do evento e como a fraude foi praticada. São quatro as perguntas a serem respondidas: quem, como, quando e quanto. A fraude sempre terá como causa a falta de controle ou uma fragilidade aproveitada pelo fraudador;
- ocorrência comprovada de prejuízo financeiro para a empresa. Outros impactos adversos colaterais também a corroboram, como: perda de clientes, processos judiciais indenizatórios, perda de valor da empresa, riscos reputacionais e de imagem.

Em geral o fraudador não escolhe o alvo. Aproveita-se das circunstâncias, descobre falhas nos controles internos e pode ainda se valer da posição que ocupa na entidade para subtrair recursos e ainda extraí-los de clientes e fornecedores. As fraudes usualmente começam pequenas, como um teste da eficácia dos controles internos, até o fraudador se sentir seguro o bastante para subtrair valores cada vez maiores.

Responsabilidade pela prevenção e detecção de fraude

A principal responsabilidade pela prevenção e pela detecção de fraudes cabe indiscutivelmente à administração da empresa e aos responsáveis pela governança corporativa. Cabe exclusivamente à administração implementar controles internos eficazes para evitar que ocorram fraudes e, se ocorrerem, permitir que sejam detectadas imediatamente. É igualmente obrigação da administração criar cultura e ambiente internos de honestidade e comportamento ético, dando, inclusive, exemplos de boa conduta nos negócios.

A responsabilidade do auditor com relação à fraude é obter segurança razoável de que as demonstrações contábeis auditadas estão isentas de distorções relevantes decorrentes de fraudes e erros.

A legislação profissional contempla o papel do auditor na detecção de fraudes e estabelece que o auditor deve: (1) avaliar os riscos de distorções relevantes nas demonstrações contábeis causadas por fraudes, (2) obter evidência de auditoria suficiente sobre os riscos acima, aplicando procedimentos técnicos eficazes em situações específicas e (3) tomar as providências que julgar apropriadas no caso de identificação efetiva ou mesmo suspeita de que tenha ocorrido fraude.

Considerações finais

Neste capítulo, abordamos o planejamento e a execução da auditoria independente quanto aos seus aspectos técnicos, abordagens, pontos de atenção e riscos inerentes. O auditor dispõe de ferramentas eficazes para realizar seu trabalho de forma razoavelmente segura. Existem limitações importantes a que o auditor precisa atentar quanto aos aspectos relacionados à ocorrência de erros e fraudes relevantes. A crescente informatização das empresas para fazer frente ao brutal volume de transações torna praticamente impossível a auditoria manual como tradicionalmente era feita. Para enfrentar esse desafio, o auditor conta com sofisticados programas de automação da auditoria que lhe dão agilidade e eficiência.

No próximo capítulo trataremos da evidenciação dos trabalhos de auditoria, avaliação do sistema de controles internos e como o auditor se comunica com o mercado a respeito do seu trabalho.

4
Evidenciação dos trabalhos de auditoria independente

Este capítulo do livro objetiva expor as características do sistema de controles internos, a avaliação dos auditores quanto à sua qualidade e eficácia para, então, determinar a extensão e a profundidade dos testes de auditoria e como o auditor evidencia seu trabalho. O capítulo terminará com os tipos de relatórios de que o auditor independente se utiliza.

Avaliação do sistema de controles internos

A auditoria, tal como foi concebida em seus primórdios, caracterizava-se pelo exame exaustivo dos documentos e lançamentos contábeis, o que exigia um considerável número de horas de trabalho, até mesmo para auditar pequenas empresas. Com o crescimento acelerado dos negócios, o volume de transações cresceu enormemente, tornando a auditoria tradicional inviável. Então, os auditores, após estudos detalhados, concluíram que o exame de comprovantes e registros contábeis poderia ser reduzido mediante a utilização de testes limitados em vez de exaustivos, inclusive com aumento significativo de eficiência.

A extensão dos testes e a quantidade de evidências necessárias ao processo de formação da opinião do auditor passaram a ser determinadas, então, pela qualidade do sistema de controles internos utilizado pela empresa auditada. Partiu-se do princípio elementar de que é do próprio interesse da empresa manter controles eficazes que proporcionem proteção aos ativos e contribuam para a fidedignidade das demonstrações contábeis. Hoje, isso parece óbvio demais, mas estamos falando lá dos idos de 1940, quando o Instituto Americano dos Auditores Independentes promulgou a SAS # 1, a famosa norma de auditoria que deu sustentação a essa "nova" abordagem.

Conceitos e objetivos

A definição mais conhecida de controle interno, encampada inclusive pela legislação profissional editada pelo CFC por meio da Resolução nº 936/2002, é a seguinte:

> O controle interno compreende o plano de organização e o conjunto coordenado de métodos e medidas adotados pela empresa para proteger seu patrimônio, verificar a exatidão e o grau de confiança de seus dados contábeis, bem como promover a eficiência operacional. O auditor deve efetuar o levantamento do sistema contábil e do controle interno da empresa, avaliar o grau de segurança por eles proporcionados e, com base nesses elementos, estabelecer a natureza, a extensão e a profundidade dos procedimentos de auditoria, assim como o momento apropriado de sua aplicação.

Os sistemas contábil e de controle interno são de responsabilidade da empresa. Entretanto, é recomendável que o auditor faça sugestões objetivas, se for o caso, no sentido de eliminar as deficiências neles existentes constatadas no decurso de seus exames. Pronto. Definição de responsabilidades claramente estabelecida.

O texto não deixa dúvidas quanto à importância que o sistema de controles internos tem para o auditor. É sabido que, em uma auditoria normal, o fator tempo é limitante, exigindo organização racional das tarefas. Para tanto, o exame dos controles internos é fundamental, pois é a partir do julgamento quanto à eficácia desses controles que o auditor determinará a quantidade de evidências necessárias à emissão de uma opinião bem fundamentada.

Como consequência natural da avaliação do sistema de controles internos, o auditor deve oferecer à empresa sugestões construtivas, que resultem no aperfeiçoamento dos controles, aumentando sua eficiência. Isso é feito por meio do envio, ao cliente, de um expediente – carta de recomendações, memorando de controle interno – em que se descrevem as deficiências ou pontos fracos de controle, com sugestões e comentários para eliminação desses problemas. O auditor deve dar especial atenção a essa questão, pois que, na maioria das vezes, isso pode representar valiosa contribuição ao cliente, aumentando a confiança deste no trabalho de auditoria.

Para melhor compreender o alcance da definição de sistema de controles internos, impõe-se esclarecer o significado das expressões *proteger seu patrimônio* e *verificar a exatidão e o grau de confiança de seus dados contábeis*. A proteção de que trata a definição relaciona-se à salvaguarda dos ativos da empresa quanto a dois aspectos: (1) uso indevido ou fora dos objetivos da empresa e (2) perda ocasionada por erros, intencionais ou não.

Quanto à exatidão e ao grau de confiabilidade, referem-se à necessidade implícita de que as demonstrações contábeis reflitam o resultado de todas as transações realizadas no período, reservando-se ao sistema de controles internos relevante papel na consecução desse objetivo.

Princípios básicos de controles internos

Deve-se reconhecer que os procedimentos de controle interno não são uniformes em todas as empresas. Entretanto, tal constatação não impede que se reconheça a existência de princípios básicos que devem estar presentes em todo sistema eficaz. Os princípios mais notórios são os seguintes:

- *É necessário fixar as responsabilidades.* Deve existir clara delimitação de responsabilidades em um sistema de controles bem planejado, pois, caso contrário, não haverá eficiência. Ou seja, quem é quem.
- *Os registros devem estar separados das operações.* As funções de operação e de registro são incompatíveis entre si e, por conseguinte, não devem ser executadas pela mesma pessoa. Um funcionário que executa tarefas na contabilidade não pode participar, concomitantemente, de outras atividades, na área operacional, que gerem dados para a contabilidade. Por exemplo, o funcionário encarregado da cobrança de clientes não deve ser o mesmo que, na contabilidade, atualiza o controle de contas a receber.
- *O ciclo completo de uma transação não deve ser executado apenas por uma única pessoa.* Nenhuma pessoa deve ter a seu cargo a realização de todas as fases de uma transação comercial. Qualquer pessoa, seja funcionário ou administrador, comete erros, deliberados, ou não, porém é muito provável que o erro seja descoberto quando a transação, para sua completa concretização, necessariamente envolva duas ou mais pessoas.
- *O pessoal que exerce funções de controle deve ser criteriosamente selecionado e bem treinado.* Antes de contratar qualquer funcionário com vista ao preenchimento de cargos que têm funções

de controle, é necessário que seu passado seja investigado e suas referências conferidas. O treinamento é imprescindível para familiarizar o novo empregado com suas tarefas. A compreensão, pelo funcionário, do que realmente se espera de seu trabalho contribuirá, ao mesmo tempo, para a eficiência do controle e para a diminuição de custos.

- *Sempre que possível, promover o rodízio de funcionários.* Periodicamente, deve ser promovido rodízio de funcionários, de modo que cada um possa ser capaz de executar outras tarefas. Isso aumenta a segurança do sistema ao eliminar os chamados funcionários imprescindíveis, além de estimular a criatividade de cada um, mediante os desafios implícitos que as novas funções trazem. Todos necessitam de férias regulares, o que resulta em maior produtividade operacional e reduz a possibilidade de ocultação de fraudes.
- *As tarefas devem estar previstas no manual de organização.* Preferencialmente, todas as instruções necessárias ao desempenho funcional dentro do sistema devem ser escritas e catalogadas em um manual de organização. Novamente, com isso se espera conseguir aumento da eficiência operacional, juntamente com a diminuição do risco de ocorrência de erros. O manual não necessariamente precisa ser impresso, podendo ficar disponível *on-line* na intranet da empresa.
- *Os responsáveis pela custódia de numerário e outros ativos devem ter seguro-fidelidade.* Além de proteger o patrimônio da empresa em caso de desvio, o seguro-fidelidade é um freio psicológico para as tentativas de desfalques, pois os funcionários sabem que a companhia seguradora somente indenizará prejuízos quando houver comunicação da ocorrência à autoridade policial, e assim as responsabilidades terão de ser apuradas. Esse tipo de seguro está em franco desuso em virtude de as empresas preferirem não ter gastos com esse

tipo de proteção patrimonial, considerando, na visão delas, a relação custo/benefício desvantajosa.

- *Sempre que praticável, devem ser usados equipamentos para registro automático de operações.* Mesmo com a utilização de equipamentos, a ocorrência de erros e manipulações ainda é possível. Entretanto, a utilização desses equipamentos aumenta consideravelmente a eficiência do sistema de controles, permitindo a realização simultânea de vários procedimentos de registro. O emprego de robôs se enquadra nesse princípio.

O funcionamento eficaz do sistema de controles internos está na dependência do atendimento desses princípios básicos e, paralelamente, de um eficiente processo de registro contábil das transações sob constante supervisão da administração. É sempre oportuno ressaltar que é responsabilidade importante da administração o estabelecimento e a manutenção do sistema de controles internos, cabendo ao auditor, nesse contexto, oferecer sugestões para seu aperfeiçoamento.

Transações

As transações são o componente básico das operações da empresa e, assim, o elemento primordial do sistema de controles internos. O termo "transações" é empregado para identificar o intercâmbio de ativos e serviços com elementos alheios à empresa e as transferências internas. As funções essenciais contidas em um fluxo de transações compreendem: (1) autorização das transações, (2) execução das transações, (3) registros das transações e (4) contabilização dos ativos resultantes.

A autorização para a realização das transações deve partir da pessoa legalmente investida de poder para tanto e refere-se à decisão, no âmbito administrativo, de intercambiar, transferir ou dispor dos ativos para fins específicos e em condições igualmente específicas. A autorização pode ser *genérica*, quando se referir a transações que obedecem a condições previamente estipuladas, ou ser *específica*, quando se referir a transação única. Como exemplo de autorização genérica, podemos citar as providências necessárias para as vendas a prazo, ressuprimento de matérias-primas, entre outras. A rigor, nenhuma transação pode ser iniciada sem autorização prévia.

A execução das transações compreende todo o ciclo de medidas necessárias para efetivar o intercâmbio de ativos ou serviços entre as partes após o processo preliminar de autorização. Já o registro das transações engloba todos os registros mantidos pela empresa com referência à anotação de detalhes inerentes à identificação do fato, incluindo a preparação, o resumo das informações e o lançamento nos livros contábeis. A função de registro permite conhecer como a transação foi autorizada e executada. A função de contabilização segue os ativos desde sua aquisição em uma transação até sua disposição ou uso em outra transação, o que exige a manutenção de registros contábeis dos ativos.

Embora a função de contabilização guarde certa semelhança com a função de registro, aquela se refere à forma como as transações são reconhecidas, de modo a serem refletidas corretamente nas demonstrações contábeis, e esta se refere à recuperação histórica da transação.

Revisão do sistema de controles internos

A revisão do sistema de controles internos compreende duas fases: (1) conhecimento e compreensão do sistema e (2) estabelecimento de um grau razoável de segurança de que os procedimentos de controle são adotados conforme estabelecidos. Ao realizar o exame do sistema de controles internos com essas finalidades, o auditor empreende dois tipos de testes específicos, quais sejam: (1) testes de compreensão e (2) testes de observância.

Testes de compreensão

São primordialmente um processo técnico de obtenção de informações de como funciona a organização da empresa e quais os procedimentos estabelecidos para a realização das transações. Trata-se, enfim, de conhecer detalhadamente o funcionamento do sistema de controles internos.

Isso se dá com a elaboração de fluxogramas processuais, aplicação de questionários ou guias de revisão e entrevistas com o pessoal autorizado no cliente. Uma leitura dos manuais de organização, de descrição de cargos e de outros elementos escritos existentes na empresa também é utilizada. Após concluir essa fase, o auditor deverá ser capaz de fazer uma avaliação preliminar sobre a eficiência do sistema de controles internos. Na fase seguinte e já sabendo como funcionam os controles, o auditor executa os testes de observância, como veremos a seguir, para ter segurança razoável de que os procedimentos de controle estão sendo aplicados conforme foi estabelecido.

Testes de observância

Os testes de observância funcionam como uma comprovação daquilo que o auditor tomou conhecimento na fase anterior, quando realizou os testes de compreensão. Muitas das vezes, os procedimentos descritos nos manuais de organização foram substituídos por outras práticas informais e que podem até ser mais eficientes do que aquilo inicialmente planejado. Outras vezes, essas alterações não oficiais trazem considerável fraqueza para o sistema de controles internos. Assim, a principal finalidade dos testes de observância é detectar claramente como as coisas de fato acontecem.

Os testes de observância são aplicados em bases estatísticas, ou mesmo subjetivamente, a critério do auditor. A amostragem estatística pode ser um meio prático de expressar quantitativamente o julgamento de auditor com respeito à razoabilidade e tamanho da amostra para exame. Com base nesses dois critérios – amostragem estatística ou escolha aleatória – o auditor seleciona certo número de transações, desde seu início até a conclusão, obtendo respostas para as seguintes questões: (1) Foram devidamente cumpridos os procedimentos necessários? (2) Como foram cumpridos? e (3) Por quem foram cumpridos?

Questionário de revisão dos controles internos

O exame e a avaliação do sistema de controles internos são realizados nas primeiras visitas que o auditor faz à empresa, e, a partir de então, é elaborado o programa de verificações específicas para cada seção ou conta das demonstrações contábeis sobre as quais deverá opinar. Como dito, o auditor recorre a questionários e guias de revisão para fazer os testes de compreensão. A principal vantagem da utilização de questionários é permitir-lhe cobrir a maior parcela possível de assuntos de forma organizada e sem esquecimento de qualquer área importante.

O quadro 5 apresenta exemplo de questionário que o auditor utiliza para avaliar a eficácia do sistema de controles internos.

Quadro 5

Exemplo de questionário de controle interno

Assuntos gerais	Respostas		
	Sim	Não	N/A*
1. A empresa usa organograma?			
2. Há uma cópia para a pasta permanente?			
3. Após exame do organograma, constatamos que: • Define bem as responsabilidades? • Define bem a segregação de funções?			
4. A empresa usa fluxogramas das operações?			
5. Há uma cópia para a pasta permanente?			
6. Existe um manual de organização?			
7. Há uma cópia para a pasta permanente?			
8. O manual é utilizado na prática?			
9. Existe plano de contas?			
10. Há uma cópia para a pasta permanente?			
11. Preparar relação nominal com endereço: • dos advogados da empresa; • das corretoras de seguro; • de pessoas ou empresas com que a empresa cliente mantém contratos de *royalties* e assistência técnica, *leasing*.			
12. Existe demonstração da cobertura de seguros, com detalhes para se avaliar sua propriedade?			
13. Existe seguro de fidelidade para: • caixas? • almoxarifes? • funcionários da Tesouraria?			
14. Os funcionários tiram férias regularmente?			
15. As referências dos funcionários recrutados são investigadas?			
16. São elaborados balancetes mensais acompanhados de análise e comentários e apresentados à diretoria?			
17. Os balancetes são examinados pela diretoria?			
18. Os arquivos, documentos e registros são mantidos em dia?			
19. Nos últimos cinco anos, houve ocorrência de irregularidade ou de fraudes?			
20. Há indícios de que dirigentes e funcionários estejam desfrutando de um padrão de vida superior ao compatível com sua remuneração?			

(*) N/A = não se aplica.

Papéis de trabalho

Os papéis de trabalho constituem evidência do trabalho do auditor, compreendendo o conjunto de informações obtidas, análises, demonstrações, confirmações de saldos e quaisquer outros detalhes considerados por ele como necessários ao completo esclarecimento do fato investigado e relacionado ao escopo do seu trabalho. De acordo com as normas profissionais de auditoria, o auditor deve reproduzir em papéis de trabalho o resultado dos exames por ele conduzidos, de forma a provar que realmente um trabalho de auditoria foi realizado de acordo com os padrões reconhecidos e indicados às circunstâncias.

Entre outras, podemos citar como importantes funções dos papéis de trabalho, as seguintes:

- servem de evidência (prova) perante terceiros da extensão e natureza do trabalho executado, podendo constituir elemento de defesa do auditor em qualquer caso litigioso envolvendo a eficácia da auditoria;
- servem de base para a elaboração de relatórios de auditoria;
- servem de guia e ponto de partida para exames futuros.

A partir do momento em que todos os detalhes de um bom trabalho de auditoria constam, obrigatoriamente, dos papéis de trabalho, será sempre possível avaliar a extensão e a profundidade dos exames de auditoria por meio do conteúdo dos papéis preparados pelo auditor. Em caso extremo de contenda judicial sobre a perícia do auditor, este poderá valer-se das informações constantes de seus papéis como prova da correção do seu trabalho, tanto quanto aos aspectos técnicos (procedimentos apropriados às circunstâncias) como no que concerne ao cumprimento das normas profissionais indicadas ao caso.

Os relatórios elaborados refletem o resultado de um trabalho cuja evidência de sua realização está materializada nos papéis do auditor. A base em que o auditor se apoia para escrever os relatórios é o conjunto de papéis de trabalho. Sendo necessário esclarecer algum ponto contido em seu relatório, o auditor recorre aos papéis para fundamentar suas afirmações e sugestões.

Ao iniciar os exames de um novo exercício, o auditor precisará rememorar detalhes do exame anterior, pontos que ficaram pendentes, detalhes especiais e tudo o mais que se fizer necessário para a realização da auditoria do exercício subsequente. A melhor fonte para isso são os papéis de trabalho do ano anterior.

Embora os papéis tenham sido elaborados a partir das informações prestadas pela empresa, eles são de propriedade exclusiva do auditor. Todas as informações contidas nos papéis de trabalho são de caráter estritamente confidencial e somente o auditor tem acesso a elas. Em certas condições especiais e a critério do auditor, a empresa poderá ter acesso aos papéis de trabalho, beneficiando-se do seu conteúdo, como análises, respostas às circularizações e outros informações de seu interesse.

O auditor também poderá aproveitar análises e demonstrações preparadas pela empresa, evitando perda de tempo na sua reprodução. É um hábito saudável o auditor solicitar a cooperação do pessoal da empresa na preparação da análise de contas, conciliações bancárias e outros levantamentos, com o objetivo de reduzir a quantidade de horas necessárias ao exame integral das demonstrações contábeis. Em linguagem profissional, tais papéis de trabalho são chamados de *papéis preparados pelo próprio cliente* (PPCs). Convém notar que cabe ao auditor conferir criteriosamente as informações constantes dos PPCs, uma vez que a responsabilidade final pelo seu conteúdo cabe exclusivamente a ele.

Forma e conteúdo dos papéis de trabalho

Os papéis de trabalho não são padronizados, não existem formulários prontos e disponíveis para venda nas papelarias para uso imediato pelo auditor. Para cada exame, o auditor cria o papel que lhe parece mais apropriado para evidenciar seu trabalho. Entretanto, existem alguns aspectos que precisam ser observados quando da elaboração dos papéis, a fim de que estes possam cumprir suas finalidades. Podemos citar, como requisitos essenciais à elaboração de papéis de trabalho, os seguintes:

- esmero, em que não são incluídos detalhes estranhos ao escopo do trabalho, informações desnecessárias, não importantes;
- limpeza, informações legíveis e explicações concisas, de forma que qualquer pessoa possa compreender o trabalho executado sem necessidade de explicação adicional;
- indexação, uma forma de identificação de papéis individualmente para rápida localização;
- descrição apropriada dos testes substantivos e de conformidade que foram realizados;
- indicação das fontes de consulta de onde foram extraídos os dados constantes dos papéis;
- identificação dos procedimentos de auditoria realizados, mediante o uso de simbologia;
- nome da empresa auditada, data das demonstrações contábeis, data da elaboração do papel e descrição condensada do tipo de informação nele contida.

Com a evolução da tecnologia os papéis de trabalho podem ser elaborados por meio informatizado, já que existem hoje no mercado *softwares* de automação de auditoria, facilitando, assim, a tarefa quanto à rapidez na preparação, qualidade e legibilidade. Após terem sido completados os exames de cada seção ou parte da demonstração contábil, o auditor anotará nos papéis suas conclusões, de forma que a opinião sobre o conjunto vai-se formando paulatinamente.

Tipos de papéis de trabalho

Os papéis de trabalho podem ser classificados quanto à sua finalidade em dois grupos: (1) papéis ou pastas permanentes e (2) papéis correntes.

Os papéis permanentes são criados no início dos trabalhos e mantidos atualizados durante toda a auditoria. Os papéis correntes são elaborados no transcurso dos exames. Os papéis permanentes contêm informações que se relacionam com fatos que perduram por mais de um exercício contábil e devem ser constantemente atualizados, substituindo-se as informações ultrapassadas e eliminando-se aquelas já consideradas desnecessárias. No início dos trabalhos de um novo exercício, o auditor recorre às pastas permanentes para colher subsídios para planejar a auditoria visando à emissão de sua opinião sobre as demonstrações contábeis desse novo ano que se inicia.

Os papéis correntes referem-se a um único exercício e reproduzem todos os detalhes inerentes à auditoria realizada, com vistas à emissão do parecer do auditor. Para cada exercício, existe um conjunto próprio de papéis correntes. Os primeiros papéis correntes são iniciados durante a vigência do exercício social cujas demonstrações contábeis serão objeto de parecer e são completados após o encerramento desse mesmo exercício. Normalmente, existem três tipos de papéis correntes, quanto à sua finalidade:

- papéis que se relacionam ao exame das contas que deverão figurar nas demonstrações contábeis do final do exercício objeto da opinião do auditor;

- papéis que se referem à avaliação e ao exame do sistema de controles internos;
- papéis relacionados com os testes das transações.

De acordo com a estrutura dos papéis correntes, vamos encontrar três outros tipos: (1) papéis mestres, (2) papéis auxiliares e (3) papéis complementares. Os papéis mestres resumem dados sobre um grupo de contas ou seção das demonstrações contábeis, permitindo uma rápida visualização do trabalho executado e a executar. Exemplos: disponibilidades, estoques, impostos a recolher, receita operacional bruta. Os papéis auxiliares reproduzem os testes e procedimentos de auditoria realizados e contêm detalhes sobre as contas analíticas integrantes dos grupos de contas ou seções das demonstrações contábeis. Exemplos: caixa, bancos, ICMS, vendas de mercadorias. No que respeita aos papéis complementares, esses se referem a documentos obtidos pelo auditor no curso de seus exames, mas que não foram por ele elaborados. Exemplos: cópia de conciliações bancárias, cópia de extratos e avisos bancários, carta dos advogados, respostas às circularizações, entre outros. Releva notar que um PPC, quando aceito pelo auditor, transforma-se em um papel auxiliar, embora ele não o tenha produzido.

Principais papéis de trabalho

Para a realização de uma auditoria satisfatória do ponto de vista técnico, o auditor organiza um conjunto de papéis de trabalho. A seguir apresentaremos aqueles que consideramos os principais.

Principais papéis permanentes:

- constituição legal da empresa – estatuto em vigor ou contrato social e alterações posteriores. Breve histórico da empresa e uma sucinta descrição de seus negócios;

- cópia do organograma, fluxograma das operações, lista dos titulares e chefe de seção – devem conter fac-símile de assinaturas e rubricas comumente usadas e descrição dos poderes de cada pessoa autorizada;
- cópia do manual de contabilidade e do plano de contas em vigor;
- cópia de cartas de recomendações escritas à empresa e cópia de respostas a consultas formuladas pela empresa;
- cópia dos relatórios de auditoria emitidos;
- sumário executivo dos relatórios da auditoria interna da empresa;
- programa de auditoria;
- informações especiais – resumo de contratos importantes que afetem as operações, reclamações legais ou fiscais pendentes, resumo de atas de assembleias de acionistas, de reuniões do conselho de administração, dos comitês especializados e do conselho fiscal, bem como da diretoria executiva, desde que contenham assuntos que possam afetar as demonstrações contábeis;
- cópia de correspondência expedida e recebida e memos de reunião com o pessoal da empresa;
- propostas de auditoria aprovadas pela empresa;
- anotação do tempo consumido com a auditoria em anos anteriores;
- demonstrações contábeis publicadas.

Principais papéis correntes:

- programa de auditoria – conterá informações sobre o alcance dos trabalhos, tipo de exame, data das demonstrações contábeis, data marcada para entrega do parecer de auditoria. Mencionará os locais e endereços das dependências da empresa, com indicação das que serão visitadas pelo auditor no exercício, resumo das atividades em cada uma, nome dos responsáveis com quem serão mantidos contatos, meio de transporte e local para hospedagem;

- pontos para atenção especial do auditor – fatos que, devido a sua natureza e importância, possam merecer ressalvas na opinião do auditor;
- ajustes e reclassificações sugeridas – lançamentos de reclassificações (sem reflexo no resultado) entre contas e os ajustes (com reflexo no resultado) sugeridos pelo auditor, alterando as demonstrações contábeis preparadas pela empresa. É muito importante que o auditor indique quais os lançamentos que a empresa aceitou e quais os motivos alegados para não aceitar aqueles outros;
- questionário ou guias de avaliação do sistema de controles internos;
- pontos em potencial para uma carta de recomendações – todas as falhas no sistema de controles internos levantadas a partir das respostas às perguntas do questionário próprio ou sobre registros contábeis, encontradas pelo auditor durante o trabalho executado, para posterior discussão com a empresa. Com base nas anotações, o auditor preparará a carta de recomendações à empresa, comentando a situação atual e oferecendo sugestões construtivas para sanar as falhas existentes;
- anotações sobre passivos contingentes – devem ser anotados os passivos contingentes que sejam do conhecimento da empresa, determinando seus montantes quando possível. Nesse papel devem ser incluídos: litígios cíveis, fiscais, trabalhistas, previdenciários; garantia de assistência técnica e de desempenho, bem como qualquer outro tipo de garantia oferecida pela empresa sobre seus produtos ou serviços vin-

culada a transações com terceiros, que não tenha sido objeto de reconhecimento contábil;

- compromissos extraordinários – compromissos não usuais assumidos pela empresa no exercício em exame, com indicação de valor, cronograma de desembolso e finalidade;
- resumo de decisões da diretoria, de conselhos e atas de assembleias – resumo das principais decisões da diretoria, conselho de administração, comitês especializados, conselho fiscal ou assembleia de acionistas que possam afetar as demonstrações contábeis em exame;
- carta de representação da gerência – trata-se de uma carta solicitada à gerência da empresa no sentido de serem confirmados certos detalhes obtidos pelo auditor, bem como informações verbais por ele recebidas durante a realização dos exames. Essa carta deve ser assinada pelo diretor e pelo contador da empresa. Inclui a Certificação SOX 404 para empresas sujeitas à fiscalização da SEC;
- análise do tempo gasto – cronograma de execução do trabalho para comparação com a previsão constante do programa de auditoria;
- balancete de trabalho – preparado pelo auditor em papel multicolunas ou em planilha eletrônica, a partir dos saldos dos livros da empresa e dos papéis-correntes do ano anterior;
- papéis mestres e papéis auxiliares.

Indexação dos papéis de trabalho

Para facilitar o arquivamento e permitir um fácil acesso aos papéis de trabalho desejados, o auditor deve criar uma regra para indexação deles. Esta indexação, um sistema de códigos, normalmente é a combinação lógica de letras e algarismos, formando uma cadeia de identificação aplicável a todos os papéis de trabalho. Cada auditor ou firma de auditoria tem sua própria regra de indexação, o que é perfeitamente aceitável.

Simbologia nos papéis de trabalho

Para simplificar o processo de anotação nos papéis de trabalho, o auditor frequentemente se utiliza de símbolos para identificar procedimentos adotados durante as verificações por ele conduzidas. Normalmente, os símbolos evidenciam conferências e cruzamentos de informações e evitam a repetição desnecessária da descrição do procedimento adotado.

Nos papéis em que o auditor adota símbolos, deverá ser indicado no rodapé seu significado, a fim de permitir a identificação do procedimento a que se refere por qualquer pessoa que venha a ter acesso aos papéis. Não existe uma padronização de símbolos (exceto no âmbito das firmas de auditoria) ficando a critério de cada auditor adotar aqueles que lhe parecerem mais convenientes.

Revisão dos papéis de trabalho

Dada a grande importância que os papéis de trabalho têm para o auditor, ele deve ter o máximo de cuidado com sua elaboração, manuseio e arquivamento. Quando o trabalho for executado com o auxílio de assistentes, o responsável pelo serviço deverá dedicar razoável parcela de seu tempo à revisão dos papéis, de modo a garantir que todos os procedimentos indicados de fato tenham sido seguidos e que a extensão dos exames tenha se dado conforme planejado. Assim procedendo, o auditor responsável pela emissão do parecer estará cumprindo norma de auditoria que estabelece que seja feita apropriada supervisão das tarefas confiadas a assistentes.

Considerando que a necessidade de supervisionar o trabalho surge quando há distribuição das tarefas entre vários auxiliares, apresentaremos a seguir um rol de procedimentos destinados a produzir uma eficiente revisão dos papéis de trabalho, conduzida de acordo com o grau de responsabilidade de cada auditor envolvido.

Revisão individual

Cada assistente, sênior, gerente ou até mesmo o sócio, todos envolvidos com o trabalho de auditoria são responsáveis pela revisão dos seus próprios papéis de trabalho, de forma a assegurar a qualidade final. Nessa revisão, a pessoa que preparou o papel verificará se o serviço está completo, se o papel contém um registro claro e preciso do que foi efetuado e se as conclusões manifestadas são coerentes. Deve-se dedicar igual atenção à possibilidade de existirem erros elementares, tais como transcrições de dados errados, erros de soma etc.

Revisão pelo sênior do trabalho

Em um trabalho organizado de auditoria, o sênior é o encarregado da elaboração do planejamento do serviço, bem como pela aplicação de grande parte dos procedimentos determinados pelo gerente. Todos os assistentes que trabalham no processo de coleta de informações estão diretamente subordinados ao sênior. Durante a execução da auditoria, o sênior revisa os papéis de trabalho para se assegurar de que os exames estão sendo conduzidos de acordo com o planejamento inicial e se as alterações indicadas pelas circunstâncias estão sendo realizadas. Nessa oportunidade, o auditor sênior verifica a possibilidade de contar com a participação do pessoal da própria empresa, na preparação de PPCs e outras tarefas que podem contribuir para a diminuição do tempo gasto com a auditoria. O sênior verifica também: (1) se os papéis foram rubricados – ou têm indicação digital – por todos que participaram de sua elaboração, (2) se todos os questionários ou guias de avaliação de controles internos foram preenchidos e se as respostas foram consideradas satisfatórias e (3) se os pontos levantados para emissão de uma carta de recomendações são razoáveis e úteis para a empresa.

Revisão pelo gerente do trabalho

Cabe ao gerente elaborar, de comum acordo com o sênior, o programa de auditoria que ambos consideram apropriado ao exame das demonstrações contábeis. A revisão que o gerente conduz é, portanto, no sentido de averiguar se todos os procedimentos previstos foram aplicados, se foram realmente válidos e, por fim, se as eventuais alterações introduzidas pelo sênior no decorrer do trabalho foram satisfatórias. O gerente faz uma revisão completa de todos os papéis, determinando se há ou não necessidade de mais algum teste.

Revisão pelo sócio

A maior parte do trabalho de revisão já foi realizada quando os papéis de trabalho são encaminhados ao sócio responsável pela auditoria. Esse, antes de emitir a opinião final, examina basicamente as evidências deixadas pelas revisões anteriores, assegurando-se de que realmente foram realizadas de forma apropriada. Nesse momento, o sócio avalia o desempenho de todo o pessoal que esteve envolvido com o trabalho, verificando a existência de áreas delicadas na auditoria ou pontos polêmicos e, em caso afirmativo, se os papéis possuem qualidade suficiente para apoiar uma defesa em caso de processo. O sócio também examina os papéis para se familiarizar com as características do trabalho, preparando-se para responder eventuais perguntas dos dirigentes da empresa auditada ou de acionistas quando da realização da assembleia geral para apreciação das demonstrações contábeis do exercício.

Exemplo de papel de trabalho

A fim de permitir uma melhor compreensão do enlace existente entre o papel mestre e os papéis auxiliares, os modelos apresentados desses dois tipos de papéis de trabalho referem-se a uma mesma seção do balanço, no caso "Disponibilidades". A correlação poderá ser notada a partir da coincidência da cifra apresentada no papel mestre na linha correspondente à conta "Bancos c/movimento" e na coluna "Saldos em 31/12/16 pelos livros", com as cifras constantes do papel auxiliar da respectiva conta.

Quadro 6

Modelo de papel mestre aplicável a qualquer seção do balanço

Nome da empresa			Preparado por:	
			Revisado por:	
			Data:	
Auditoria das demonstrações contábeis de 31/12/16				
DISPONIBILIDADES		AC-1		
Contas	Saldos em 31/12/15	Saldos em 31/12/16 p/livros	Ajustes e reclassificações	Saldos p/ auditoria 31/12/x2
Caixa	45	60	0	60
Bancos c/movimento	12.354	23.456	(3.250)	20.206
Aplic. financeiras	30.250	58.720	4.115	62.835
Totais	42.649	82.236	865	83.101

Quadro 7

Modelo de papel auxiliar

Nome da empresa	Preparado por:
	Revisado por:
	Data:
Auditoria das demonstrações contábeis de 31/12/16	
DISPONIBILIDADES - BANCOS CONTA MOVIMENTO AC-1	
Nomes dos bancos	Saldo em 31/12/16
Banco do Brasil - Conta 3459 - Ag. Centro	4.356.897
Banco do Brasil - Conta 8769 - Ag. Niterói	2.549.387
Banco da América - Conta 8766 - Ag. Castelo	8.945.764
Banco de Londres - Conta 7657 - Ag. Paraíso	7.604.622*
Soma	23.456.670

* A empresa deixou de reconhecer o débito de $ 3.250.000 ref. à duplicata nº 84.769, não paga pelo sacado. O saldo correto do banco na data do balanço é de $ 4.354.622

Relatórios de auditoria independente

Os auditores se esforçam ao máximo para dar o conforto indispensável aos usuários quanto à qualidade, utilidade e relevância das informações que as empresas prestam ao mercado. Tudo é feito em benefício dos usuários da informação contábil, visto que, através das demonstrações contábeis – veículo que leva as informações ao público –, os usuários, podem compreender e avaliar o que aconteceu com a empresa em determinado período.

Os órgãos de fiscalização profissional que atuam na regulamentação e supervisão dos auditores – CFC, CVM, Bacen e Susep – frequentemente editam normas e instruções a fim de disciplinar e dar apropriada consistência na forma de atuação dos auditores e, bem assim, padronizar a linguagem que eles, os auditores, usam para se comunicar com os usuários das demonstrações contábeis. No passado recente os auditores emitiam *parecer* dos auditores independentes para acompanhar as demonstrações contábeis publicadas nos jornais. Agora, emitem *relatório* dos auditores independentes que, aliás, contém justamente o parecer, a opinião do auditor.

A mensagem contida no relatório dos auditores independentes é, como dito, padronizada na forma e no conteúdo. Isso não significa dizer que o auditor está impedido de acrescentar aquilo que julga pertinente para cumprir a missão de apresentar sua opinião independente e bem fundamentada a respeito da fidedignidade das demonstrações contábeis.

Conteúdo do relatório dos auditores independentes

A redação padronizada do relatório dos auditores independentes que consta da nova redação da NBC TA nº 700, editada pelo CFC em 17 de junho de 2016, inclui as seguintes seções: (1) título, (2) destinatário, (3) parágrafo da opinião do auditor sobre a fidedignidade das demonstrações contábeis, (4) parágrafo sobre a base utilizada pelo auditor para emitir sua opinião, (5) parágrafo sobre os principais assuntos de auditoria, (6) parágrafo contendo outras informações que acompanham as demonstrações contábeis e o relatório do auditor, (7) parágrafo sobre a responsabilidade da administração e da governança da empresa pelas demonstrações contábeis, (8) parágrafo sobre a responsabilidade do auditor pela auditoria das demonstrações contábeis, (9) local e data do relatório e (10) assinatura e identificação do auditor.

Título do relatório dos auditores independentes

O título indica que tipo de documento está sendo emitido. Comumente, a expressão *auditor independente* está no plural pela simples razão de que a quase totalidade dos relatórios de auditoria é emitida por empresas de auditoria. O título que aparece nas publicações dos jornais é o seguinte: *Relatório dos auditores independentes sobre as demonstrações contábeis.*

Destinatário

Não existe uma regra muito específica determinando quem deva ser o destinatário do relatório dos auditores. Mais por tradição, o auditor endereça seu relatório aos administradores e acionistas. Há casos também que o auditor indica como destinatário o conselho de administração ou mesmo a diretoria. Deve sempre prevalecer o que foi combinado com o cliente na contratação dos serviços.

Parágrafo da opinião do auditor sobre a fidedignidade das demonstrações contábeis

Nesse parágrafo específico, o auditor opina se as demonstrações contábeis são representações fidedignas da situação financeira e posição patrimonial da empresa ao fim de determinado intervalo de tempo, de acordo com os princípios de contabilidade. É o parágrafo mais importante do ponto de vista dos usuários das demonstrações contábeis divulgadas, e é por essa razão que a nova redação da NBC TA nº 700 o coloca em primeiro lugar. Anteriormente, esse era o último parágrafo do relatório de auditoria independente.

O parágrafo foi ampliado para acomodar esclarecimentos sobre: (1) qual a empresa auditada, (2) quais as demonstrações contábeis auditadas e a que exercício se referem e (3) referência às principais práticas contábeis e notas explicativas.

Exemplo de parágrafo da opinião do auditor sobre a fidedignidade das demonstrações contábeis de acordo com a já mencionada NBC TA nº 700:

> Examinamos as demonstrações contábeis da Empresa Brasileira de Motoniveladoras S.A., que compreendem o balanço patrimonial de 31 de dezembro de 2016 e as respectivas demonstrações do

> resultado, do resultado abrangente, das mutações do patrimônio líquido e dos fluxos de caixa para o exercício findo nessa data, bem como as correspondentes notas explicativas, incluindo o resumo das principais práticas contábeis.
>
> Em nossa opinião, as demonstrações contábeis acima referidas apresentam adequadamente, em todos os aspectos relevantes, a posição patrimonial e financeira da Empresa Brasileira de Motoniveladoras S.A. em 31 de dezembro de 2016, o desempenho de suas operações e seus fluxos de caixa para o exercício findo nessa data, de acordo com as práticas contábeis adotadas no Brasil.

Parágrafo sobre a base utilizada pelo auditor para emitir sua opinião

A questão-chave desse parágrafo é a afirmação do auditor com respeito a sua independência de julgamento sobre a fidedignidade das demonstrações contábeis e obediência às normas brasileiras e internacionais de auditoria. Se o auditor decidir emitir opinião com ressalva, opinião adversa ou abstenção de opinião, ele deverá fornecer, nesse parágrafo, o máximo de detalhes a respeito de sua decisão. Tendo, novamente, como base a NBC TA nº 700, segue exemplo de parágrafo sobre a base para a opinião do auditor:

> Nossa auditoria foi concluída de acordo com as normas brasileiras e internacionais de auditoria. Nossas responsabilidades, em conformidade com tais normas, estão descritas na seção a seguir, intitulada "Responsabilidade do auditor pela auditoria das demonstrações contábeis". Somos independentes em relação à Companhia, de acordo com os princípios éticos relevantes previstos no Código de Ética Profissional do Contador e nas normas profissionais emitidas pelo Conselho Federal de Contabilidade e cumprimos as demais responsabilidades éticas de acordo com essas normas. Acreditamos

que a evidência de auditoria obtida é suficiente e apropriada para fundamentar nossa opinião.

Parágrafo sobre os principais assuntos de auditoria

É um parágrafo específico para tratar de assuntos que, de acordo com o julgamento profissional do auditor, foram mais relevantes na auditoria. Normalmente, são assuntos discutidos pelo auditor com o conselho fiscal, comitê de auditoria, conselho de administração, diretoria. A inclusão desse parágrafo no relatório de auditoria independente somente é obrigatória quando se trata de empresa de capital aberto. No cotidiano da auditoria, tais assuntos são tratados como principais assuntos de auditoria ou, simplesmente, "PAAs".

Exemplo de redação:

> Principais assuntos de auditoria são aqueles que, em nosso julgamento profissional, foram os mais significativos em nossa auditoria do exercício corrente. Esses assuntos foram tratados no contexto de nossa auditoria das demonstrações contábeis como um todo e na formação de nossa opinião sobre essas demonstrações contábeis e, portanto, não expressamos uma opinião separada sobre esses assuntos. [Aqui entram um ou mais parágrafos descrevendo cada um dos principais assuntos de auditoria que, claramente, podem ser das mais variadas naturezas.]

Parágrafo contendo outras informações que acompanham as demonstrações contábeis e o relatório do auditor

Parágrafo definindo as responsabilidades da administração e do auditor sobre outras informações incluídas nas demonstrações contábeis em atendimento a requerimentos legais específicos.

Exemplo de como poderia ser a redação desse parágrafo:

A administração da companhia é responsável por essas outras informações que compreendem o relatório da administração. Nossa opinião sobre as demonstrações contábeis não abrange o relatório de administração e não expressamos qualquer forma de conclusão de auditoria sobre esse relatório.

Em conexão com a auditoria das demonstrações contábeis, nossa responsabilidade é a de ler o relatório da administração e, ao fazê-lo, considerar se esse relatório está, de forma relevante, inconsistente com as demonstrações contábeis ou com o nosso conhecimento obtido na auditoria ou, de outra forma, aparenta estar distorcido de forma relevante. Se, com base no trabalho realizado, concluirmos que há uma distorção relevante no relatório de administração somos requeridos a comunicar esse fato. Não temos nada a relatar a este respeito.

Parágrafo sobre a responsabilidade da administração e da governança da empresa pelas demonstrações contábeis

Esse parágrafo tem três finalidades: (1) deixar claro que a administração da empresa é a única responsável pela fidedignidade das demonstrações contábeis e pelo estabelecimento de um sistema de controles internos eficaz, (2) deixar claro que a administração da empresa é responsável pela avaliação da capacidade dela de continuar operando normalmente e (3) esclarecer que os responsáveis pela governança da empresa são aqueles com responsabilidade pela supervisão do processo de elaboração das demonstrações contábeis do exercício.

Exemplo de parágrafo sobre a responsabilidade da administração e da governança da empresa pelas demonstrações contábeis tendo como base a NBC TA nº 700:

A administração da companhia é responsável pela elaboração e adequada apresentação das demonstrações contábeis de acordo com as práticas contábeis adotadas no Brasil e pelos controles internos que ela determinou como necessários para permitir a elaboração de demonstrações contábeis livres de distorção relevante, independentemente de ser causada por fraude ou erro.

Na elaboração das demonstrações contábeis, a administração é responsável pela avaliação da capacidade da companhia de continuar operando, divulgando, quando aplicável, os assuntos relacionados com sua continuidade operacional e o uso dessa base contábil na elaboração das demonstrações contábeis, a não ser que a administração pretenda liquidar a companhia ou cessar suas operações ou não tenha nenhuma alternativa realista para evitar o encerramento das operações.

Os responsáveis pela governança da companhia são aqueles com responsabilidade pela supervisão do processo de elaboração das demonstrações contábeis.

Parágrafo sobre a responsabilidade do auditor pela auditoria das demonstrações contábeis

É utilizado pelo auditor para chamar atenção para os seguintes aspectos, resumidamente:

- que a responsabilidade do auditor é opinar se as demonstrações contábeis são (ou não) fidedignas, isto é, se foram elaboradas e apresentadas em conformidade com os princípios de contabilidade;
- que a auditoria foi realizada em estrito atendimento à legislação profissional brasileira e internacional;

- que os auditores cumpriram todas as exigências de natureza ética requeridas pelas normas profissionais;
- que o trabalho de auditoria foi planejado de forma a reunir todas as provas de que o auditor precisou para firmar sua convicção profissional de que as demonstrações contábeis estão livres de distorções significativas;
- que o trabalho do auditor é baseado em procedimentos técnicos seletivos e na avaliação prévia dos riscos de existirem erros ou mesmo fraudes que possam produzir distorções significativas nas demonstrações contábeis auditadas. A escolha dos procedimentos técnicos, a abrangência das verificações e a avaliação de risco levam em consideração a eficácia do sistema de controles internos instituído pela administração da empresa;
- que o auditor avaliou a conformidade com as práticas contábeis e conferiu se as estimativas contábeis feitas pela administração da empresa são razoáveis.

Esse vem a ser, de longe, o maior parágrafo do relatório do auditor independente e, pelo visto, reflete a preocupação dos auditores com a proliferação de processos judiciais questionando a eficiência e a utilidade do seu exame.

Exemplo de parágrafo que trata da responsabilidade do auditor extraído da NBC TA nº 700/2016:

> Nossos objetivos são obter segurança razoável de que as demonstrações contábeis, tomadas em conjunto, estão livres de distorção relevante, independentemente se causada por fraude ou erro, e emitir relatório de auditoria contendo nossa opinião. Segurança razoável é um alto nível de segurança, mas não uma garantia de que a auditoria realizada de acordo com as normas brasileiras e internacionais de auditoria sempre detecta as eventuais distorções

relevantes existentes. As distorções podem ser decorrentes de fraude ou erro e são consideradas relevantes quando, individualmente ou em conjunto, possam influenciar, dentro de uma perspectiva razoável, as decisões econômicas dos usuários tomadas com base nas referidas demonstrações contábeis.

Como parte da auditoria realizada de acordo com as normas brasileiras e internacionais de auditoria, exercemos julgamento profissional e mantemos ceticismo profissional ao longo da auditoria. Além disso:

- Identificamos e avaliamos os riscos de distorção relevante nas demonstrações contábeis, independentemente se causada por fraude ou erro, planejamos e executamos procedimentos de auditoria em resposta a tais riscos, bem como obtemos evidência de auditoria apropriada e suficiente para fundamentar nossa opinião. O risco de não detecção de distorção relevante resultante de fraude é maior do que o proveniente de erro, já que a fraude pode envolver o ato de burlar os controles internos, conluio, falsificação ou representações falsas intencionais.
- Obtemos entendimento dos controles internos relevantes para a auditoria para planejarmos procedimentos de auditoria apropriados às circunstâncias, mas não com o objetivo de expressarmos opinião sobre a eficácia dos controles internos da companhia.
- Avaliamos a adequação das políticas contábeis utilizadas e a razoabilidade das estimativas contábeis e respectivas divulgações feitas pela administração.
- Concluímos sobre a adequação do uso, pela administração, da base contábil de continuidade operacional e, com base nas evidências de auditoria obtidas, se existe incerteza relevante em relação a eventos ou condições que possam levantar dúvida significativa em relação à capacidade de

continuidade operacional da companhia. Se concluirmos que existe incerteza relevante, devemos chamar atenção em nosso relatório de auditoria para as respectivas divulgações nas demonstrações contábeis ou incluir modificação em nossa opinião se as divulgações forem inadequadas. Nossas conclusões estão fundamentadas nas evidências de auditoria obtidas até a data do nosso relatório. Todavia, eventos ou condições futuras podem levar a companhia a não mais se manter em continuidade operacional.

- Avaliamos a apresentação geral, a estrutura e o conteúdo das demonstrações contábeis, inclusive as divulgações e se as demonstrações contábeis representam as correspondentes transações e os eventos de maneira compatível com o objetivo de apresentação adequada.

Comunicamo-nos com os responsáveis pela governança a respeito, entre outros aspectos, do alcance planejado, da época da auditoria e das constatações significativas de auditoria, inclusive as eventuais deficiências significativas nos controles internos que identificamos durante nossos trabalhos.

Fornecemos também aos responsáveis pela governança declaração de que cumprimos as exigências éticas relevantes, incluindo os requisitos aplicáveis de independência e comunicamos todos os eventuais relacionamentos ou assuntos que poderiam afetar consideravelmente nossa independência, incluindo, quando aplicável, as respectivas salvaguardas.

Dos assuntos que foram objeto de comunicação com os responsáveis pela governança, determinamos aqueles que foram considerados como mais significativos na auditoria das demonstrações contábeis do exercício corrente e que, dessa maneira, constituem os principais assuntos de auditoria. Descrevemos esses assuntos em nosso relatório de auditoria, a menos que lei ou regulamento tenha proibido divulgação pública do assunto, ou quando em circunstâncias extremamente raras, determinamos que o assunto não deveria ser comunicado em nosso relatório porque as circunstâncias adversas de tal comunicação poderiam, dentro de uma perspectiva razoável, superar os benefícios da comunicação para o interesse público.

Data do relatório

A data do relatório tem consequências jurídicas para o auditor com relação à divulgação de quaisquer eventos que tenham ocorrido entre a data do encerramento do exercício e o término da auditoria, eventos esses que possam afetar a situação financeira da empresa e sua posição patrimonial reportadas nas demonstrações contábeis. São os chamados *eventos subsequentes* – fusão, aquisição, cisão, perda de cliente ou fornecedor importante, saída de executivo-chave, entre variados outros exemplos. Assim, é muito conveniente que o auditor date o relatório com o dia em que ele terminou seu trabalho nas dependências da empresa auditada, já que, até aquele momento, ele dispunha de todas as condições para identificar a existência ou não de eventos subsequentes. Estando fora da empresa, fica imensamente mais difícil essa descoberta.

Assinatura e identificação do auditor

Em resumo:

- local em que o relatório foi emitido. Por exemplo: Santos, Manaus;
- data do relatório;

- nome do auditor, pessoa física ou pessoa jurídica (empresa de auditoria);
- nome do auditor responsável técnico pelo relatório, no caso de empresa de auditoria;
- número de registro no Conselho Regional de Contabilidade (CRC) do auditor que assina o relatório e, no caso de empresa de auditoria, da empresa e do sócio responsável;
- assinatura do auditor independente.

Tipos de opinião de auditoria

O que mais interessa para os usuários das demonstrações contábeis no relatório do auditor independente é sua opinião profissional a respeito da fidedignidade dessas demonstrações. Dependendo das circunstâncias que se apresentam durante o trabalho, os auditores têm à disposição quatro tipos diferentes de opinião, de acordo com a legislação profissional (NBC TA nº 705, de 17 de junho de 2016): (1) opinião limpa ou sem ressalva, (2) opinião qualificada ou com ressalva,(3) opinião adversa e (4) abstenção de opinião.

Quando o auditor conclui que as demonstrações contábeis foram elaboradas e apresentadas em conformidade com os princípios de contabilidade e, portanto, são fidedignas, ele emite uma *opinião limpa ou sem ressalva*. A maioria dos relatórios de auditoria publicados nos jornais contém uma opinião limpa ou sem ressalva. É a situação esperada, de normalidade.

O auditor emite uma *opinião qualificada ou com ressalva* quando ele conclui que:

- existem distorções relevantes nas demonstrações contábeis, mas isso não as desqualifica totalmente. Tecnicamente, auditor chama isso de "desvio relevante na aplicação de princípios de contabilidade". O auditor indica qual é o valor monetário das distorções que ele identificou; ou

- não foi possível obter evidências suficientes que lhe permitissem formar opinião sobre determinado assunto que poderia causar ou não distorções relevantes nas demonstrações contábeis, mas o fato não as desqualifica totalmente. Tecnicamente, é uma *incerteza relevante*. O auditor indicará o valor monetário do assunto em que há incerteza relevante se for possível sua determinação.

Para deixar o mais clara possível sua conclusão, o auditor vai esclarecer detalhadamente o motivo de sua ressalva em um ou mais parágrafos específicos sob o título "Base para opinião com ressalva". Esse parágrafo é inserido logo após o parágrafo da opinião.

Caso o auditor conclua que existem distorções muito relevantes no atendimento aos princípios de contabilidade que comprometem a fidedignidade das demonstrações contábeis de forma generalizada, ele emitirá uma opinião do tipo *adversa*, significando que as demonstrações contábeis estão comprometidas no que concerne à sua fidedignidade e utilidade.

O quarto e último tipo de opinião é aquele em que o auditor chegou à conclusão de que não pode formar uma opinião acerca da fidedignidade das demonstrações contábeis. Normalmente, esse tipo de opinião ocorre quando o auditor não consegue obter evidências de auditoria suficientes que lhe permitam formar uma opinião sobre as demonstrações contábeis e entende que possíveis efeitos de distorções não detectadas, se houver, poderiam ter efeito relevante e de forma generalizada. Tecnicamente, *incerteza relevante e generalizada*.

O CFC divulgou tabela para resumir as circunstâncias em que cada tipo de opinião é aplicável (NBC TA nº 705/2016, item A1).

Quadro 8

Circunstâncias em que cada tipo de opinião é aplicável

Natureza do assunto	Julgamento do auditor sobre a disseminação, de forma generalizada, dos efeitos ou possíveis efeitos sobre as demonstrações contábeis.	
	Efeito relevante, mas não generalizado	Efeito relevante e generalizado
As demonstrações contábeis apresentam distorções relevantes	Opinião com ressalva	Opinião adversa
Impossibilidade de obter evidência de auditoria apropriada e suficiente	Opinião com ressalva	Abstenção de opinião

E para concluir este tópico a respeito do relatório de auditoria falta falar do *parágrafo de ênfase* que os auditores inserem em situações específicas após o parágrafo sobre a responsabilidade do auditor pela auditoria das demonstrações contábeis.

Parágrafo de ênfase

O parágrafo de ênfase, como o próprio nome já indica, é usado quando o auditor quer chamar atenção para algum fato que, embora não represente uma discordância quanto à aplicação de princípios de contabilidade nem tampouco limitações ao alcance da auditoria, deva ser levado em consideração quando da análise das demonstrações contábeis. Normalmente, o parágrafo de ênfase se limita a algo que consta de nota explicativa específica, sendo os exemplos mais comuns:

- problemas relativos à continuidade normal dos negócios;
- transações muito relevantes com partes relacionadas;
- catástrofes e eventos da natureza que provocaram e continuam provocando efeito relevante nas operações da empresa auditada;

- propostas em discussão no Congresso Nacional que possam afetar consideravelmente os negócios da empresa.

O parágrafo de ênfase ganhou destaque especial na legislação profissional com a NBC TA nº 706/2016.

Considerações finais

Neste capítulo, abordamos a forma pela qual o auditor avalia a efetividade dos controles internos, começando com as características básicas do controle, transações e os testes realizados em uma auditoria rotineira. Especial atenção foi igualmente dada aos papéis de trabalho de auditoria, documento de suma importância para demonstrar, historicamente, as ações e atividades do auditor para ter condição de emitir sua opinião sobre a fidedignidade das demonstrações contábeis. Para terminar o capítulo, tratamos dos relatórios de auditoria como o instrumento de comunicação de que se vale o auditor para informar aos usuários qual a sua avaliação a respeito da qualidade e propriedade das demonstrações contábeis por ele auditadas.

Conclusão

Os autores deste livro não tiveram a pretensão de esgotar o tema, haja vista que auditoria independente é uma atividade complexa exercida por profissionais de várias especialidades, embora o responsável pelo trabalho necessariamente tenha de ter formação contábil e os registros requeridos pela legislação profissional.

A abordagem histórica da auditoria se faz necessária para melhor compreensão da evolução ao longo do tempo, dos desafios enfrentados e das soluções oferecidas pelos diversos órgãos que interagem com os auditores, exercem a fiscalização e editam as normas que disciplinam o exercício da auditoria contábil, tanto interna quanto independente.

Neste livro foi dedicado o espaço necessário para apresentar os tais órgãos que interferem no dia a dia dos auditores – criados por dispositivos legais e os oficiosos, nacionais e internacionais – para se ter uma ideia, o mais aproximada possível, da importância atribuída à auditoria.

O planejamento da auditoria, os cuidados indispensáveis ao êxito do trabalho, os programas e as técnicas apuradas para obtenção de evidências mereceram atenção especial, inclusive com exemplo prático de um programa típico de auditoria. Na mesma linha foram apresentadas as considerações sobre a abordagem do controle interno, os tipos de auditoria e a forma como o auditor documenta seu trabalho.

A auditoria é um tema bastante abrangente, e os autores acreditam que os leitores encontrarão conteúdo suficiente para compreender os objetivos dos auditores, as técnicas de que se utilizam e como fazem para se comunicar com os usuários interessadas em seus trabalhos. O resumo da vasta legislação que regulamenta a atividade de auditoria no Brasil serve para dar uma ideia do grau de sofisticação e cuidados que os órgãos reguladores e de fiscalização têm para com a auditoria.

Referências

ATTIE, William. *Auditoria*: conceitos e aplicações. São Paulo. Atlas, 1998.

BOYTON, William C.; JOHNSON, Raymond N.; KELL, Walter G. *Auditoria*. São Paulo: Atlas, 2002.

BRASIL. Lei nº 6.385/76, de 7 de dezembro de 1976. Dispõe sobre a criação da CVM – Comissão de Valores Mobiliários. Brasília, DF: *DOU*, 9 dez. 1976.

_____. Lei nº 6.404, de 15 de dezembro de 1976. Dispõe sobre as sociedades por ações. Brasília, DF: *DOU*, 17 dez. 1976.

CARDOZO, Julio Sérgio de Souza. *Relatórios e pareceres de auditoria*. Rio de Janeiro: Atlas, 1987. CFC. NBC PA – do Auditor Independente.

INSTITUTO DOS AUDITORES INDEPENDENTES DO BRASIL (Ibracon). *Auditoria*: registros de uma profissão. São Paulo. Ed. Ibracon, 2007.

_____. *História da auditoria no Brasil*. São Paulo. Ed. Ibracon, 2009.

LONGO, Claudio Gonçalo. *Manual de auditoria e revisão das demonstrações financeiras*: novas normas brasileiras e internacionais. São Paulo. Atlas, 2013.

PEREZ JUNIOR, José Hernandez.et al. *Auditoria das demonstrações contábeis*. 2. ed. Rio de Janeiro: Ed. FGV, 2011.

SÁ, Antonio Lopes de. *História da contabilidade brasileira*. Brasília, DF: Ed. CFC, 2010.

SANTI, Paulo Adolpho. *Introdução à auditoria*. São Paulo. Atlas, 1988.

SKINNER, M.; ANDERSON, J. R. *Analytical auditing*. Toronto: Pitman, 1966.

VASARHELYI, Miklos A.; HALPER, F. B. The continuous audit of online systems. *Auditing: A Journal of Practice and Theory*, v. 10, n. 1, p. 110-125, 1991.

Circulares, instruções normativas, resoluções e normas consultadas

Circular Susep nº 517/2015
Instrução CVM nº 308/1999.
Instrução Normativa SPC nº 31/2002
NBC PA 11
NBC PA 290 (R1)
NBC T nº 11
NBC TA nº 240
NBC TA nº 700
NBC TA nº 705
NBC TA nº 706
Pronunciamento Técnico CPA-002
Resolução Bacen nº 3.081, revogada pela Resolução Bacen nº 3.198, de 27 de maio 2004
Resolução CFC nº 731/1992
Resolução CFC nº 750/1993
Resolução CFC nº 914/2001 (aprovou a NBC T 11 – IT 6)
Resolução CFC nº 936/2002
Resolução CFC nº 1.121/2008 (aprovou a NBC T1)

Resolução CFC nº 1.282/2010
Resolução CFC nº 1.323/2011 (aprovou a NBC PA 11)
Resolução CFC nº 1.328/2011
Resolução CFC nº 1.443/2013
Resolução CFC nº 1.055/2005
Resolução CNSP nº 212/2014
Resolução CNSP nº 321/2015

Os autores

Julio Sergio de Souza Cardozo
Graduado em ciências contábeis e em ciências administrativas pela Universidade Mackenzie Rio. Professor livre-docente pela Universidade do Estado do Rio de Janeiro. Ex-*chairman* e CEO da EY South America. Membro de conselhos de administração e fiscal. Professor convidado do FGV Management.

Antonio Miguel Fernandes
Mestre em ciências contábeis pela Universidade do Estado do Rio de Janeiro, pós-graduado em contabilidade pela FGV-RJ, graduado em ciências contábeis e em ciências administrativas pela Sociedade Unificada de Ensino Superior e Cultura (Suesc). Ex-superintendente de controle do BNDES. Ex-presidente do CRC-RJ. Coautor do livro *Bate-bola contábil*, editado pela Abracicon-DF. Professor convidado do FGV Management.

Este livro foi impresso nas oficinas gráficas da Editora Vozes Ltda.,
Rua Frei Luís, 100 – Petrópolis, RJ.